novum premium

SAMANTHA BECKET

HEART BREAK

Wie ich lernte
mich selbst zu lieben

novum premium

Bibliografische Information
der Deutschen Nationalbibliothek:

Die Deutsche Nationalbibliothek
verzeichnet diese Publikation in
der Deutschen Nationalbibliografie.
Detaillierte bibliografische Daten
sind im Internet über
http://www.d-nb.de abrufbar.

Gedruckt in der Europäischen Union
auf umweltfreundlichem, chlor- und
säurefrei gebleichtem Papier.

ISBN 978-3-99130-238-4
Lektorat: Tobias Keil
Umschlagfotos: Akinina Marina,
Vladislavovich | Dreamstime.com
Umschlaggestaltung, Layout & Satz:
novum Verlag

www.novumverlag.com

Climate neutral
Print product
ClimatePartner.com/16547-2201-1002

Haftungsausschluss

Dieses Buch spiegelt die persönlichen Erfahrungen des Autors wider sowie Ansichten zur Auswirkung von Liebeskummer, emotionaler Heilung, spirituellem Erwachen und Inhalten im Zusammenhang mit physischen und mentalen Gesundheitsproblemen. Der Autor ist kein Arzt. Das Buch dient nicht dazu, Diagnosen zu stellen oder Krankheiten und medizinische Probleme zu behandeln. Bitte konsultieren Sie einen Arzt oder Spezialisten bezüglich der Vorschläge und Meinungen, die in diesem Buch geteilt werden. Der Gebrauch dieses Buches impliziert Ihr Einverständnis mit dem Haftungsausschluss.

Widmung

Ich widme dieses Buch denen, die wie ich ein gebrochenes Herz erlitten haben, mit einer starken Zusicherung, dass wir dieses Trauma aus gutem Grund erlebten, nämlich um uns weiterzuentwickeln und zu unserem wahren Ich und unserer Aufgabe zu erwachen.

Danksagung

Danke von ganzem Herzen an meine Seele, die mich nie aufgegeben und wieder ins Licht geführt hat. Ebenso danke ich allen, die diesen Weg mit mir gegangen sind, besonders meinem Partner, der in mein Leben trat, nachdem ich eine Ebene der Selbsterkenntnis erreicht hatte und innerlich bereit war ihn kennenzulernen. Ein besonderer Dank gilt auch meiner Editorin Melanie Saxton für ihre liebevolle Unterstützung, fachmännische Beratung und Ermutigung in der Entstehung dieses Buches.

Inhaltsverzeichnis

Prolog

Wenn du beginnst zu erwachen, beginnst du zu verstehen, dass die Reise zur Liebe nicht bedeutet, den „Einen" zu finden, sondern der „Eine" zu werden.
~ Creig Crippen[1]

Ich möchte dieses Buch mit einem Versprechen beginnen, das ich mir selbst gegeben habe:
Wenn ich das hier überlebe, werde ich mit der Welt teilen, wie ich es geschafft habe.
Wie sich herausstellte, habe ich die allerschmerzhafteste und allerwertvollste Erfahrung meines Lebens überlebt. Diese Erfahrung verursachte Schrecken und Schmerz, denn sie versetzte mich in einen fürchterlichen Zustand. Sie war hingegen auch wertvoll, weil ich durchgehalten und endlich Frieden gefunden habe. Ich bin wieder so frei wie ein sorgloses Kind.
Meine Geschichte hat mit einem gebrochenen Herzen zu tun und einer Liebesgeschichte, die schiefging – oder eigentlich richtig war, wie sich letztlich herausstellte, denn sie zeigte mir auf, was Selbstliebe eigentlich bedeutete: die Liebe für das Selbst. Selbstliebe ist deswegen so schwierig und missverständlich, weil wir gar nicht wissen, was genau dieses Selbst ist. Fast ist es so, als versuchte man, sich in einen Unbekannten zu verlieben. Deshalb ist es so wichtig herauszufinden, wer oder was man wirklich ist und genau dafür bot mir der Traumprinz die perfekte Gelegenheit.
Diese Liebesgeschichte war Auslöser eines Wandels, oder besser gesagt eine Bestätigung dafür, wer ich bin und für meinen individuellen Sinn im Leben. Diese individuelle Bestimmung, dieser individuelle Sinn ist für jeden einzigartig, so wie auch unsere Lebenswege alle einzigartig sind.

Während ich meinen Pfad durch meinen Herzschmerz erkundete, erlebte ich Situationen, die ich kaum oder gar nicht in Worte fassen konnte. Ich schrieb dieses Buch, um etwas zu erzählen, was nicht völlig erklärbar ist. Worte, egal wie sorgsam gewählt, können nie die vollständige, wahrhaftige Information wiedergeben. Sogar die Veränderung oder Fehlinterpretation eines einzigen Wortes kann die gesamte Bedeutung eines Satzes verändern. Und so kann ich nur Worte und Formulierungen anbieten, die meiner Erfahrung so nahe wie möglich kommen, um der Welt zu erklären, wie ich es geschafft habe.

Viele Themen sind in diesem Buch berührt, viele Gefühle, Umstände, Offenbarungen und mehr. Jedes Wort, jede Formulierung kann seziert und bis zur Erschöpfung diskutiert werden. Aber denke daran, hier handelt es sich um meine individuelle Erfahrung und deine kann ganz anders aussehen.
Während meiner gesamten abenteuerlichen Reise ist mir aufgefallen, wie seltsam das Leben doch sein kann – dass wir uns in Situationen wiederfinden können, die wir uns nie hätten vorstellen können. Meine Liebesgeschichte hat mich mit Gefühlen konfrontiert, von denen ich nicht einmal wusste, dass sie existierten. Schlussendlich habe ich jeden Sinn für Kontrolle verloren. Ich habe mich „selbst sprechen hören" und meine eigenen Handlungen „beobachtet" auf eine Art und Weise, die oftmals das Gegenteil dessen war, was ich eigentlich sagen oder tun wollte. Kommt dir das bekannt vor? Vielleicht hast auch du schon mal alles an deiner Liebesgeschichte hinterfragt und gleichzeitig die Realität direkt vor deinen Augen verweigert.
Anfangs schien mein Leben so aufgeräumt, so geordnet zu sein. Nur eines fehlte noch. Ich wollte Liebe finden. Wahre Liebe, ohne zu wissen, was wahre Liebe eigentlich ist. Dann begab sich diese surreale Liebesgeschichte, die meine Welt buchstäblich auf den Kopf stellte. Konfrontiert mit meinen eigenen Emotionen, Gedanken, Gefühlen und meinem Kontrollverlust entwickelte ich eine tiefe Empathie für alle Menschen. Wenn jeder so etwas

auch nur zu einem gewissen Grad erlebte, konnte ich mir nun vorstellen, warum die Menschen so wütend, so verzweifelt und so unberechenbar werden konnten. Es demonstrierte sozusagen, wie wir unseren Verstand verlieren konnten. Wenn unser Urteilsvermögen verschwindet, verschwindet unsere Normalität. Wir verlieren uns selbst.

Das deutsche Wort hierfür nennt sich „Liebeskummer". Es bedeutet liebeskrank zu sein, ein Phänomen, dem wir begegnen, egal welcher Kultur oder Nationalität wir angehören. Aber egal welches Wort wir benutzen, wir alle wissen, wie sich Liebeskummer anfühlt.

Wenn du dich einmal gefragt hast, was uns Menschen weltweit verbindet – das ist es – die Suche nach unserem grundlegenden Bedürfnis „zu lieben und geliebt zu werden". Es hat uns durch die Jahrhunderte verbunden. Das Problem ist: wir suchen die Liebe, ohne es zu wissen, an all den falschen Orten. Ich bin der Beweis!

Als ich auf der hier beschriebenen Reise war, hätte ich mir ein Buch wie dieses gewünscht, um zu wissen, dass ich nicht allein war. Und an mir war auch nichts falsch. Ich war eine von vielen, die mit der Liebe zu hadern hatten.

Ich brauchte kein typisches Selbsthilfebuch, sondern ein Werkzeug, das mir behutsam den Weg zu den Antworten in meinem Inneren wies. Ich verstehe heute, dass ich all das Drama erleben musste, um an das Wissen zu gelangen, welches bereits in meiner Seele angelegt war.

Und es sollte so sein, dass ich diese Erfahrung meiner Reise teile, egal wie roh, schmerzhaft und sogar peinlich es rückblickend vielleicht scheinen mag. Vielleicht haderst du mit den gleichen Gefühlen wie Scham oder Schuld oder Gedanken wie: „Wie konnte ich nur so blind sein?" Aber denk daran, du bist nicht allein. Genau genommen bist du wahrscheinlich in der Mehrheit! So viele sind schon in deinen Schuhen gelaufen und die Mission ist, zu überleben, zu lernen, zu wachsen und zu dem zu erblühen, wozu du eigentlich bestimmt bist. Dies sind die Lehre und der Preis, der auf dich wartet.

Während du deine Rolle in einer tragischen Liebesgeschichte hinterfragst, bist du vielleicht so überrascht, wie ich es war, zu lernen, dass alle Antworten und Lösungen bereits in dir sind. Das hatte mir bis dahin niemand gesagt. Wahrscheinlich hat es dir auch noch keiner gesagt … bis jetzt.

Während du deine Rolle in einer tragischen Liebesgeschichte hinterfragst, bist du vielleicht so überrascht, wie ich es war, zu lernen, dass alle Antworten und Lösungen bereits in dir sind. Das hatte mir bis dahin niemand gesagt. Wahrscheinlich hat es dir auch noch keiner gesagt … bis jetzt. Lass es mich erklären. Keine Sorge wenn dies alles erst mal keinen Sinn für dich ergibt, denn wir sind in der Tiefe darauf programmiert, eher auf „Expertenmeinungen" zu hören als auf das Wissen unserer eigenen Seele. Uns wird empfohlen, Hilfe in Büchern oder Videos zu suchen. In Liebesromanen und Filmen wird ein Bild von „wahrer Liebe" dargestellt, der Begegnung mit dem Traumpartner, davongetragen von einer Wolke der Glückseligkeit. … und sie lebten glücklich bis an ihr Ende. Doch die hohen Scheidungsraten zeigen, dass dies nicht die Realität in unserer Gesellschaft ist. Ich dachte, ich müsste mir irgendwo außerhalb Rat suchen, wenn es um die tiefgreifendsten Themen des Herzens geht. Aber auf dieser Reise lernte ich, dass wir keine „Gurus" brauchen, um unserer inneren Verbundenheit zu begegnen. Sicher können wir von der Weisheit inspirierender Stimmen profitieren (du wirst sehen, ich teile hier einige Zitate von Creig Crippen, Anita Moorjani, Neale Donald Walsch, Rumi und anderen), aber unsere Fragen werden tatsächlich aus dem Inneren heraus beantwortet. Stell dir vor, wir können alle unser eigener Guru werden!

Diese Konzepte werde ich sehr detailliert erklären und vielleicht können dir meine Erfahrungen helfen, dich durch deine Umstände zu navigieren oder sogar den ganzen Herzschmerz direkt zu vermeiden. Ganz besonders dann, wenn du offen und auf der Suche bist.
Noch einmal, all dies macht gerade jetzt, am Anfang des Buches, vielleicht noch keinen Sinn für dich, aber wenn du die letzte Seite umblätterst, wirst du es aus einer anderen Perspektive betrachten.
Alles, was du glaubtest über die Liebe zu wissen, wird auf den Kopf gestellt und kann deinen Verstand für eine neue Sicht öffnen. Die Worte, die du hier lesen wirst, werden dich im jetzigen Moment trösten und dir die Zukunft weisen. Ich versichere dir, du bist nicht verrückt, du bist nicht kaputt, und selbst eine desaströse Beziehung passiert aus gutem Grunde. Wenn du mitten in einer solchen Beziehung oder deren Ende steckst, wünsche ich dir von ganzem Herzen nur das Allerbeste. Gib nicht auf. Als ich es erlebte, konnte ich auch kein Ende sehen. Aber ich hab's geschafft und du kannst das auch!

KAPITEL 1

Jane Eyre im falschen Jahrhundert

Die Buddhisten sagen, wenn dir jemand begegnet und dein Herz schlägt schnell, deine Hände zittern und deine Knie werden weich: Das ist nicht der Eine. Wenn du deinen Seelengefährten triffst, fühlst du dich ruhig. Keine Angst, kein Aufruhr.
~ Verfasser unbekannt

Als junges Mädchen in Deutschland war ich fasziniert und angezogen von der Vorstellung von Liebe. Nein, nicht die Verliebtheit eines kleinen Schulmädchens, die oberflächlich betrachtet in diesem Alter als normal gelten würde. Stattdessen fühlte ich eine Sehnsucht, einen tiefen und substanziellen Wunsch nach Verbundenheit.

Wahre Liebe, so fühlte ich, war einfach, tief und hat mit der Seele zu tun – etwas, das ich nicht auszudrücken vermochte und nur fühlen konnte.

Ich erinnere mich an den Tag, an dem ich ein Zitat an unserem Küchen-Abreißkalender las: „Was du suchst, sucht auch dich." Damals wusste ich nicht, dass dieses Zitat von Rumi stammt, einem persischen Poeten und Theologen aus dem 13. Jahrhundert. Irgendwie gaben mir diese Worte Hoffnung.

„Sucht der, den ich suche, auch nach mir?", fragte ich mich. Mein Herz sagte: „Ja, es ist wahr." Auch in meinen Teenagerjahren ging meine Suche nach der wahren Liebe weiter und ich fragte mich, ob ich sie wohl jemals finden würde. Ich träumte intensiv von meiner Zukunft mit meinem ganz besonderen „Traumprinzen", getränkt mit so viel Liebe. Es war aber niemand da, dem ich sie geben konnte. Ein Gefühl von Unerfülltheit, beinahe Melancholie, schlich sich ein, während ich auf denjenigen wartete, der mich zurückliebte.

Dies erklärt vielleicht, warum mich Liebesromane so in ihren Bann zogen. Ich verbrachte unzählige Stunden versunken in der Welt von Sturmhöhe und Jane Eyre, füllte meinen Geist mit Visionen von pittoresken englischen Dörfchen, Landhäusern, gehobenen Manieren und „Tea Time". Diese Welt war so anders als das Deutschland, in dem ich aufwuchs, so märchenhaft. Besonders die Geschichte von Jane Eyre konnte ich kaum aus der Hand legen. Ich war bewegt von der Wehmut unerwiderter Liebe und konnte die Mühsal vom Zusammenfinden von Herz und Seele nachvollziehen. Ich fühlte tiefen Einklang mit diesem emotionalen Streben und ich nahm an, es würde mich zu „dem Einen" führen, genau wie Jane Eyre, der Protagonistin der Geschichte.
Die Formel „Schmerz vor Glückseligkeit" bedeutete, der Weg zu wahrer Liebe war nie geradlinig und beinhaltete die schwierigsten Leidenschaften, Dramen, Missverständnisse und Schwächen. Dann kam das Crescendo am Ende, wenn die Liebenden sich tief in die Augen sahen und auf der Seelenebene miteinander verschmolzen. Das Happy End bewies, dass wahre Liebe gewinnt, eine Belohnung dafür, dass man durchgehalten hat.
Ich verbesserte mein Englisch mit jedem Kapitel, das ich verschlang. Tatsächlich wollte ich nicht nur diese Liebesgeschichte erleben, ich wollte auch nach England ziehen, um dort zu leben. Ich denke, der Handlungsrahmen wurde zu meinem Ideal, so wie der Inhalt zu einer Art Gebrauchsanweisung für mich wurde. Und somit nahm ich an, dass auch meine Reise ein wenig exquisites Leid beinhalten würde. Es würde Hindernisse zu überwinden geben, bevor es zum „Und sie lebten glücklich für immer" käme. Dies wurde zu meiner Erwartung, wie eine Liebesbeziehung auszusehen hätte. Durch diese altmodischen Darstellungen nahm ich an, Liebe müsse immer bittersüß sein. Ohne das Leid – was für eine Liebesgeschichte gäbe es da zu erzählen?

Sicher würde ich auch ein Happy End haben, so wie die Protagonisten in meinem Lieblingsbuch.

Ich fragte mich, wo ich so eine Art Liebe wohl finden würde. Wo genau sollte ich suchen und wann würde mein Traumprinz endlich auftauchen? Sicher würde ich auch ein Happy End haben, so wie die Protagonisten in meinem Lieblingsbuch. Und so träumte ich weiter davon, meine große Liebe zu finden, den „Einen". Den, der mich so bedingungslos und leidenschaftlich liebte, wie ich es in meinem Herzen fühlte. Ich wollte denjenigen finden, der mich erkennt als die Einzige für ihn.
Heute lebe ich in der Schweiz in einer Umgebung, so schön, wie man es sich nur vorstellen kann. Ich bin sicher, glücklich und umgeben von Bergen. Aber was das Allerwichtigste ist, ich fühle mich geborgen und bedingungslos geliebt. Das war nicht immer so. Ich habe Armut erlebt, schwere Hürden und großes Leid. Ich erlebte das Ende von Beziehungen und grämte mich in meiner Einsamkeit.
Aber dankenswerterweise hat sich all das geändert. Heute geht es mir gut in allen Aspekten meines Lebens. Allerdings wäre das nicht möglich gewesen ohne Liebeskummer, Schmerz und meine „Seelenarbeit" – die Arbeit an mir selbst.

Kurz gesagt, ich erlebte einen verheerenden Liebeskummer. Tatsächlich hatte ich einen echten Traumprinzen kennengelernt, zumindest dem Anschein nach. Mir schwirrte immer noch die Figur Jane Eyre durch den Kopf, nicht nur habe ich das Buch gelesen, sondern auch den Film gesehen. Ich erinnere mich noch an die schöne Anfangsmelodie, besonders die Solo-Oboe. Doch dann gab es ein lautes, quietschendes Geräusch und der Film riss. Nein, nein, das Videoband war noch heil, aber ich war es nicht. Inzwischen fand ich mich von Deutschland in das Vereinigte Königreich verpflanzt. Ich jagte einer absurden Beziehung nach, die so viel Leid und Elend verursachte. Das England, welches ich mir so

idyllisch ausmalte, war nahezu das Gegenteil von dem, was ich mir erhofft hatte. Mein neues Zuhause war kein idyllisches Dorf, denn ich lebte im Herzen von East-London. Ich fühlte mich trübsinnig und abgeschnitten von allem, was ich mir erträumt hatte, inklusive der Liebe, die ich mir so verzweifelt wünschte. Mein Traumprinz war physisch anwesend und doch hoffnungslos weit weg. Durch diese Trennung befand ich mich im schlimmsten emotionalen Zustand, den ich je erlebt hatte. Ich war vollkommen verzweifelt. Wohlgemerkt haben meine Liebesromane ja gewarnt, dass ich mit emotionalem Leid rechnen könne, aber was hier passierte, übertraf alles, was ich je zuvor erlebt hatte. Ich übertreibe nicht, wenn ich von verheerenden Ausmaßen spreche. Vollkommen erschöpfend trifft es vielleicht noch besser. Dieses Ereignis hat mich wahrlich verwundet, diese Liebesgeschichte mit meinem Traumprinzen und ihr unvermeidbares Ende, welches für mich blankem Entsetzen gleichkam. Ich wollte so unbedingt, dass er der „Eine" ist, dass ich es nicht akzeptieren konnte, dass er es nicht war. In diesem Prozess verlor ich mich selbst.
Hast du dich je gefragt, warum wir Beziehungen eingehen, die zum Scheitern verurteilt sind, und trotzdem die Warnzeichen ignorieren? Wir springen einfach ins kalte Wasser und dann zappeln wir dort. Und doch ist hier nicht alles verloren, auch wenn es schwierig ist, den Wald vor lauter Bäumen zu sehen. Was mich persönlich betrifft, so hätte ich mein authentisches Selbst nicht finden können, ohne mich bewusst durch meinen Liebeskummer zu navigieren. Diese Verwundung führte zu einer Offenbarung, man nenne es, wie man möchte, und brachte Wandel, Wahrheit und einen klaren Fokus auf das, was in uns allen ist. Ich fühlte so viel Liebe in mir, wollte sie aber gleichzeitig auch von außen spüren, von einem anderen Menschen. Zu diesem Zeitpunkt wusste ich noch nicht, dass wahre Liebe von innen kommt und bedeutet mich selbst zu lieben – den „Einen". Ja, wir selbst sind unsere große Liebe. Darin liegt die Lehre.

Der Wandel von der verzweifelten Suche nach Liebe von einem anderen Menschen zum Finden des „Einen" wurde zum unermesslichen Segen in meinem Leben.

Der Gedanke, mich selbst zu lieben, kam mir zu dieser Zeit überhaupt nicht in den Sinn, und es mag für dich sicher auch merkwürdig klingen. Selbsterfülltheit, Zentriertheit, sich selbst genug sein, das ist nichts, was wir von der Gesellschaft lernen. Wir lernen die Definitionen von Worten wie Selbstrespekt und Selbstwert, aber das Konzept wahrer Liebe – Liebe für uns selbst – ist ein nahezu unbekanntes Konzept. Wir bleiben dieser Wahrheit ungewahr, bis uns eine Prüfung, oftmals großes Leid, darüber gewahr macht.
In meinem Fall war dieses Leid eine turbulente Liebesbeziehung, die meinen Verstand, Körper und Geist verwüstete. Leider hatte ich kein Konzept davon, dass ich nach wahrer Liebe in meinem Inneren suchen musste anstatt im Außen. Ich liebte mich selbst nicht genug und war darum auch nicht bereit für einen Partner.

Leider hatte ich kein Konzept davon, dass ich nach wahrer Liebe in meinem Inneren suchen musste anstatt im Außen.

Die gute Nachricht ist, ich habe diese erschütternde Zeit überlebt und bin aufgeblüht zu dem, was ich wirklich bin und immer bestimmt war zu sein. Für mich war eine Liebesbeziehung nötig, die alles auf den Kopf stellte, um mich in das zu verwandeln, was ich heute bin. Dies geschieht nach einem Erwachen, einer großen Veränderung, in der wir von innen heraus geführt werden, weg von Missverständnissen und Fehlern, verursacht durch einen Mangel an Verständnis. Vielleicht hast auch du dieses Erwachen beim Erleben einer gescheiterten Liebesbeziehung erlebt. Oder vielleicht suchst du dieses Erwachen, weil du spürst, dass dieses Erlebnis eine tiefere Bedeutung hat.
Und hier fängt meine Hintergrundgeschichte an …

Meine ganze Kindheit und Jugend, mein ganzes Leben hindurch, war das Thema Liebe für mich das allerwichtigste. Ich dachte immer, dass die Liebe zwischen zwei Menschen dauerhaft schön und ohne Ende sein sollte. In einer gesunden Partnerschaft mag dies auch der Fall sein. Aber da meine Eltern keine gesunde Partnerschaft lebten, sah ich jeden Tag ein Beispiel von dem, was ich *nicht* wollte.

Ich war 19 Jahre alt, als ich meinen ersten Freund hatte. Damals lebte ich in Deutschland. Die Beziehung wuchs zu einer Ehe und hielt 12 Jahre lang. Wir sind sehr viel hin und her gezogen und schließlich in die Schweiz übergesiedelt, weil wir viel Gutes über dieses Land gehört hatten. Wir wurden nicht enttäuscht, denn es ist ein wunderschönes Land.
Diese Beziehung erlaubte mir zu entdecken, wonach ich suchte und was ich zu geben hatte. Doch was ich fand, war ein Gefühl von Leere. Nach den ersten aufregenden Wochen, in denen noch alles „neu" war, schlich sich ein Gefühl von Enttäuschung ein. Meine Beziehung wies keinerlei Merkmale von Jane Austen oder Emily Brontë auf – da war nichts dergleichen. Nun ja, das Leiden schon, aber keine Romantik. Stattdessen war ich zusammen mit jemandem, der genauso verloren, einsam und auf der Suche war wie ich. Wie zwei Bettler in einer Gemeinschaft. Physisch gesehen waren wir nicht allein. Es gab immer jemanden, zu dem man nach Hause kommen konnte, aber das Gefühl von Unerfülltheit blieb bestehen.
Ich brauchte Jahre, um meinen Mut zusammenzunehmen und meine Ehe zu beenden. Ich hatte Angst davor, physisch allein zu sein und das Bekannte für das Unbekannte zu verlassen. Wir hatten zwei gemeinsame Kinder, ein schwerwiegender Faktor. Aber ich hielt es letztlich nicht mehr aus. Es konnte nicht schlimmer sein, als jeden Tag zu streiten und zu weinen, weil mein damaliger Mann und ich trotz vieler Bemühungen keinen Weg fanden, um miteinander zu kommunizieren. Ich ging zur Tür hinaus in eine unsichere Zukunft mit nur mir allein als Unterstützung. Meine Eltern starben früh und ich hatte sehr wenige

Freunde. Das machte das Ganze auch nicht einfacher. Mit dem Verlassen meines Partners musste ich nun auf eigenen Füßen stehen. Ich erinnerte mich an das Leid meiner Eltern während meiner Kindheit. Sie hatten ständig heftige Streitereien und ich flehte meine Mutter an, meinen Vater zu verlassen, sodass endlich Frieden herrschte. Aber sie dachten, es sei zu meinem Besten, wenn sie mir zuliebe zusammenblieben.
Für mich persönlich fühlte es sich nicht gut an, dass meine Eltern trotz ihrer unglücklichen Beziehung miteinander verharrten, was mich letztlich auch unglücklich machte. Wenn das Zusammensein solches Leid verursachte, so gab es eine größere Chance, glücklicher zu sein, wenn man getrennter Wege ginge. Wenn sich meine Eltern trennten, so dachte ich damals, hätte ich immer noch meine Eltern, an unterschiedlichen Orten und ohne den ständigen Konflikt. Sie verstanden sich einfach nicht, also was war der Grund, das Zusammensein zu erzwingen? Das konnte ich rational nicht verstehen. Ich hoffte wirklich auf eine Scheidung und wusste, sie würden getrennt ein ausgeglicheneres Leben führen, anstatt zusammenzubleiben und so passiv oder aktiv ihre Wut und ihre Frustration mit mir zu teilen. So dachte ich als kleines Mädchen und dies machte auch Sinn in meiner eigenen Beziehung, welche ich nach 12 Jahren beendete.

Nach der Trennung genoss ich die Stille, die mit ihr kam. Den Frieden. Alle Wut, aller Streit waren verschwunden. Doch gleichzeitig enthüllte sie meine Einsamkeit und meine Sehnsucht nach Liebe noch mehr. Wie immer schon sehnte ich mich nach wahrer Liebe, ohne genau zu wissen, was wahre Liebe eigentlich ist, während ich mich noch immer mit den Protagonisten meiner Liebesgeschichten verglich. Was machte ich also? Ich suchte nach der nächsten Beziehung, um endlich die lang ersehnte Liebe, Verständnis und Kommunikation zu finden, die ich mir so sehr wünschte. Ich fühlte mich an Platos Worte erinnert:
„Laut der griechischen Mythologie wurden die Menschen ursprünglich mit vier Armen und vier Beinen und einem Kopf mit zwei Gesichtern geschaffen. Aus Angst vor ihrer Macht spaltete

Zeus sie in zwei verschiedene Teile, verdammt dazu, ihr Leben auf der Suche nach ihrem Gegenstück zu verbringen."
Genauso fühlte ich mich – wie eine Hälfte. Ich sehnte mich nach meinem Seelengefährten und nahm an, dass dies die Lösung für meine Leere und Einsamkeit sein würde. Eine Freundin meinte, dass sich die jungen Leute heutzutage doch alle im Internet träfen. Da ich zwei kleine Kinder hatte, dachte ich, das sei gar keine schlechte Idee. Und so öffnete ich Google und tippte: „Wie finde ich meinen Traumprinzen?" Ich landete auf einer Datingseite, auf der ich mich sogleich registrierte. Es dauerte nicht lange, und ich stieß auf jemanden, der laut seinem Profil ebenfalls nach einer festen Partnerschaft suchte. Durch ihn hat sich mein Leben komplett verändert.

KAPITEL 2

Der Traumprinz

Der Sinn einer Beziehung ist nicht, jemanden zu haben, der einen vervollständigt, sondern jemanden zu haben, mit dem man seine Ganzheit teilen kann.
~ Neale Donald Walsch[2]

Im Jahr 2012 trat der Traumprinz in mein Leben, circa ein Jahr nach der Trennung von meinem damaligen Ehepartner. Die Kinder waren noch im Kleinkindalter, gerade dabei, die Welt zu erkunden. Jeder Tag war ein Abenteuer für sie, durch das sich ihr Bild von der Welt erweiterte. Mein Weltbild hingegen schrumpfte zusammen, je mehr ich begann, mich auf mein neues Objekt der Begierde zu fixieren.

Der Traumprinz und ich haben uns etwa zwei, drei Mal persönlich getroffen. Ich fand ihn interessant. Ein Mann ungefähr in meinem Alter, mit einer rätselhaften Persönlichkeit, ziemlich geheimnisvoll. Ich konnte ihn einfach nicht „lesen“. Interessanterweise hatte ich immer einen guten Sinn für Menschen. Was ich meine, ist, ich konnte mich immer schon gut mit Menschen verbinden und fühlen, was sie fühlten oder wusste sogar, was sie dachten.

Wie ich herausfand, war ich ein „Empath“, etwas, das die Wissenschaft, Psychologie oder Metaphysik nicht erklären kann. Doch bei meinem Traumprinzen verschwand diese Fähigkeit und er blieb mir ein Rätsel, egal wie oft wir uns trafen. Das war faszinierend, aber auch ein bisschen verstörend.

Was wollte ich aus dieser Beziehung gewinnen? Was war mein Herzenswunsch? Ich wollte, dass er mich sieht, dass er mir tief in die Augen sieht und mein wahres Ich erkennt. Da war eine große Sehnsucht danach, erkannt zu werden als das, was ich wirklich bin. Leider war es sehr offensichtlich, dass mein Traumprinz statt meiner Essenz nur ein nettes Mädchen in mir sah. Da war keine Seelenverbindung, und trotzdem hatte ich unerklärlicherweise das Gefühl, zu ihm zu gehören.

Nach all den Liebesromanen war klar: Liebe soll nicht „einfach" sein und ich könnte einige dramatische Hürden erfahren, bevor es zum „Und sie lebten glücklich für alle Zeit" käme.

Ich dachte, mit etwas Mühe und Geduld würde sich mein Traumprinz schließlich mit meiner Seele verbinden. Nach all den Liebesromanen war klar: Liebe soll nicht „einfach" sein und ich könnte einige dramatische Hürden erfahren, bevor es zum „Und sie lebten glücklich für alle Zeit" käme. Dies war der Beginn einer abgründigen Liebesbeziehung, die ich mir in meinen kühnsten Träumen nicht hätte ausmalen können (oder später Albträumen). Wir wohnten in der Schweiz nicht weit voneinander entfernt und konnten uns mühelos treffen. Es war so ein schöner Ort, an dem ich lebte, ein kleines Dorf mit wunderschönen Winterdächern. Zunächst war alles abenteuerlich und aufregend. Die Schmetterlinge in meinem Bauch hoben ab, wann immer ich ihn sah, etwas, das sicher viele andere auch so erleben, wenn sie verliebt sind. In diesen ersten Wochen hatten wir so viel Spaß miteinander. Er war sehr abenteuerlich und dachte sich immer etwas Neues aus, das wir unternehmen konnten. Immer wieder fand er coole Orte, die wir dann besuchten. Selbst scheinbar langweilige Aktivitäten wurden zum Abenteuer für uns. Den Berg hochzulaufen und hinunter in das Tal mit seinen kleinen Häusern zu blicken, schien uns in eine frühere Zeit zu versetzen. Manchmal gingen wir auf den Spielplatz, um uns auf den Schaukeln sitzend allerlei Geschichten aus unserem Leben zu erzählen. Ich fühlte mich beinahe wie ein Teenager, alles war so leicht, so unterhaltsam, denn mein Traumprinz war einerseits ein erwachsener

Mann und doch auch noch naiv wie ein Junge. Auch seine Unberechenbarkeit trug zu diesem abenteuerlichen Gefühl bei. Es war nie klar, was der nächste Moment mit ihm bringen würde. Er dachte ganz anders als ich und er hatte viel mehr Erfahrung, wenn es um Reisen, Menschen und – ja – die Anzahl von Beziehungen ging.
Wir trafen uns regelmäßig zum Abendessen, auf einen Kaffee und lange Spaziergänge. Meine Gefühle für ihn wuchsen mit jedem Tag. Mit ihm kam ein ganz frischer Wind in mein Leben, alles fühlte sich so leicht und unbeschwert an. Selbst die Farben erschienen mir noch bunter und heller. Mein Körper fühlte sich so leicht an, fast als würde ich nur noch schweben.
Dann tat ich etwas, das mir im Nachhinein ziemlich peinlich war. Wir waren in einem Restaurant zum Mittagessen und ich sagte ihm ganz spontan, dass ich ihn liebe. Er sah mich peinlich überrascht und doch geschmeichelt an und sagte: „Ich mag dich.“

Hier schlich sich meine erste Ahnung ein, ich müsste meinem Traumprinzen gegenüber vorsichtig sein, wenn es darum ging, ihm meine Liebe zu gestehen.

Nun, ich fühlte mich schrecklich. Ich konnte nichts essen und die Bedienung fragte schon, ob etwas mit dem Gericht nicht in Ordnung sei. Ich muss sehr unglücklich über dieses „Ich mag dich“ ausgesehen haben, und so fügte er hinzu: „Aber so fängt es ja an, nicht wahr?“
Ich habe mich wegen meines schlechten Timings und meines übereilten Kommentares geschämt, auch wenn es meinerseits der Wahrheit entsprach. In dieser Situation war mir sehr unwohl zumute. Hier schlich sich meine erste Ahnung ein, ich müsste meinem Traumprinzen gegenüber vorsichtig sein, wenn es darum ging, ihm meine Liebe zu gestehen.

Als dann auch noch mein Expartner von meiner neuen Beziehung erfuhr, wurde dieser sehr wütend. Er hatte sich nie vorstellen können, dass ich ihn je verlasse, geschweige denn, dass es einmal jemand anderen in meinem Leben geben könne. Trotz seiner Proteste traf ich mich weiterhin mit meinem neuen Schwarm und versuchte diesen von den Eskapaden meines Expartners fernzuhalten. Ich wollte ihn nicht abschrecken, oder dass er sich unwohl damit fühlte, weil ich einen Ex-Mann und zwei Kinder hatte.
Der Traumprinz meinte, die Kinder seien kein Problem und dass er sie auch gern kennenlernen würde. Er war sogar ganz gut darin, mit ihnen zu spielen und sich Aktivitäten auszudenken. Und so habe ich mich noch mehr in ihn verliebt. Die Art, wie er mich ansah, war hypnotisierend. Ich war glücklich wie nie zuvor. Er gab mir das Gefühl, für ihn etwas Wundervolles zu sein. Es erfüllte mich so sehr, dass ich mehr davon wollte und mehr von ihm, selbst wenn Probleme lauerten. Je mehr Zeit verstrich, desto mehr kam auch eine andere Seite unserer Beziehung zum Vorschein. Eine dunklere Seite, die auf jede Unsicherheit und Verletzbarkeit abzielte, die mir zu eigen war. Unser Problem kam immer dann zum Vorschein, wenn wir uns NICHT trafen. Vielleicht kommt dir das bekannt vor, lange Pausen, in denen das Interesse deines Liebsten zu schwinden scheint. Mein Traumprinz hinterfragte absolut alles an uns, was ich sehr alarmierend fand. Aber er war meine Welt und der Gedanke, dass er sich anscheinend nicht wirklich binden wollte, war grauenhaft. Arbeit war normalerweise seine Erklärung für die langen Pausen, wobei ich bereits fürchtete, dass es andere Gründe dafür gab. Blieb er fern, weil er sich überrollt fühlte, unsicher oder vielleicht sogar desinteressiert war? In diesen Pausen spielte sein Verstand verrückt, gefüllt mit Gründen, warum er mich nicht mehr sehen sollte. Das war so seltsam, denn anfangs gab er sich noch so viel Mühe, mich für sich zu gewinnen. Er machte mir Geschenke, brachte frische Blumen mit und schrieb mir sogar Gedichte.
Mein Herz schmachtete immer, wenn ich nicht mit ihm sein konnte, was häufig der Fall war. Wie besessen wartete ich darauf,

von ihm zu hören, voller Sehnsucht und Vorfreude. Ununterbrochen schaute ich auf mein Handy, sehnsüchtig wartend auf eine Nachricht oder einen Anruf von ihm. Wie auf glühenden Kohlen erwartete ich seine seltenen Besuche und war voll von ekstatischer Freude, wenn ich ihn dann endlich wiedersah. Doch immer wenn wir uns nach einer Pause begegneten, verhielt er sich so seltsam. Es dauerte immer eine Weile, bis alles „wieder gut" war, so als ob er sich erneut an unser Zusammensein gewöhnen musste. Es war, als wollte er wirklich mit mir zusammen sein, mich sehen, Zeit mit mir verbringen … Aber er konnte einfach nicht. Er rief mich innerlich zu sich und wehrte mich im Außen ab. Heiß und kalt. Kalt und heiß.
Falls du schon mal das Lied „Hot N Cold" von Katy Perry gehört hast, dieses beschreibt genau mein Dilemma. Es war wie ein hin und her schwingendes Pendel, als ich mich an diese Achterbahnfahrt von Beziehung klammerte und wie auf Eierschalen lief. Es funktionierte einfach nicht und doch war ich völlig ambitioniert, es zum Funktionieren zu bringen! Sturköpfig, verzweifelt. Ich war bereit, alles zu tun, was nötig war, um meinen Traumprinzen in meinem Leben zu halten. Ich fühlte mich zu ihm körperlich und geistig hingezogen und ignorierte es, dass wir wie zwei entgegengesetzte Magneten waren. Trotz meines größten Bemühens wurde der Widerspruch zwischen „Ich will dich – geh fort" zu einem einzigen Albtraum.
Innerhalb von nur drei kurzen Monaten wurde mein einst so ruhiges Leben komplett auf den Kopf gestellt, angetrieben von der Suche nach Liebe von jemandem, der sie nicht erwiderte. Ich fühlte so viel Liebe, wenn ich bei ihm war und er wies mich zurück. Je mehr Liebe ich fühlte, desto mehr Widerstand baute sich in ihm auf und umso mehr wollte ich bei ihm sein – ein Teufelskreis. Würde ich meinen widerwilligen Traumprinzen halten können? Könnte meine reine Willenskraft unsere Beziehung retten?
Ironischerweise dachte ich, in meiner ersten Beziehung gab es ein Kommunikationsproblem, aber in dieser Beziehung existierte gar keine Kommunikation! Wieder befand ich mich in einer seltsamen Paarbeziehung, die von Anbeginn Leid verursachte.

Zwei Seelen, die es zueinander zieht, die sich aber nicht vereinen können, nahe beieinander und doch meilenweit entfernt. Warst du schon mal in so einer Situation, in der du festgehalten hast, anstatt loszulassen? Einige sind dazu ausgerüstet, einen klaren Bruch zu machen, wenn sich die Beziehung ihrem Ende zuneigt, während andere, so wie ich, sich ihrem Schicksal fügen müssen, um dem Weg bis zu seinem bitteren Ende zu folgen. Ich glaubte, dass unsere Unstimmigkeiten einem tieferen Sinn dienten. Schließlich waren alle „richtigen" Liebesgeschichten voll von Unstimmigkeiten. Warum sollte meine da eine Ausnahme sein? Ich dachte mir, wenn ich nur geduldig wartete, würde sich mein Happy End mit dem Traumprinzen noch einstellen.

Da lag ich falsch, aber wie ich später herausfand, gibt es einen Grund für die Entscheidungen, die wir treffen. Alles hat damit zu tun, wie wir auf seelischer Ebene lernen, wachsen und uns weiterentwickeln. Während ich jedoch noch mittendrin war (inzwischen um das reine Überleben kämpfend), gingen die Dissonanzen weiter.

Ich hätte wohl meinen rechten Arm dafür gegeben, dass mein Traumprinz mir in die Augen gesehen und mich dafür erkannt und geschätzt hätte, wer ich bin. Wenn er nur so wie Mr. Rochester in Jane Eyre meine Ohren mit romantischen Worten gekitzelt hätte. Aber keine Worte von unerschütterlicher Liebe kamen über seine Lippen.

Nicht, dass ich die Hoffnung aufgegeben hätte. Sicher würde es eines Tages Licht werden und er würde sich leidenschaftlich und wie verrückt in mich verlieben!

Inzwischen ging das Stück im Zickzack weiter und ich wusste nie, wie es ausgehen würde. Zum Beispiel überraschte mich der Traumprinz mit der Neuigkeit, dass er arbeitsbedingt umziehen müsse. Er wurde nach England transferiert, das Land von Jane Eyre, von dem ich immer geträumt hatte!

Bis zu diesem Zeitpunkt war ich noch nie in England gewesen, hatte mich aber mein Leben lang darauf vorbereitet, dort einmal hinzuziehen. Seit der Grundschule hatte ich fleißig Englisch gelernt. In meiner Vorstellung war London die bezauberndste

Stadt der Welt. Wie immer fiel es mir nicht leicht, meine Komfortzone zu verlassen, denn ich hatte nicht viel Vertrauen in meine Fähigkeiten, besonders wenn es um Organisation ging. Ich zog es vor, wenn andere mir halfen, auch weil ich an einer milden sozialen Phobie litt. Ich war aber so sehr verliebt, dass es gar keine Frage war, ob ich in ein fremdes Land voller fremder Leute zog.

Ich musste mir nur meine beiden Kinder schnappen und losziehen. Er andererseits sah dies nicht einmal als eine Option! Er machte mit mir per E-Mail Schluss, erwähnte zuvor jedoch, dass er wünschte, er hätte jemanden, der mit ihm gehen würde. Er wusste, dass ich ein Gewohnheitsmensch war und nicht sehr selbstständig. Darum konnte er sich auch nicht vorstellen, dass ich buchstäblich mit ihm gehen würde. Für ihn war dieser Umzug ein willkommener Grund und Weg, die Beziehung zu beenden – nicht, dass er je deklariert hätte, dass wir eine Beziehung hatten.

Und so zog er in das Vereinigte Königreich, aber wir versöhnten uns und unterhielten nun eine Fernbeziehung. Er besuchte mich fast jedes Wochenende und brachte mir liebevolle kleine Geschenke und Süßigkeiten aus England mit. Er erwähnte aber auch, wie schwierig dies alles für ihn sei. Der lange Reiseweg wurde ihm zu viel und ich würde wegen meiner starken Flugangst nicht einfach in den nächsten Flieger hüpfen, um ihn zu besuchen.

Und so machte er das zweite Mal mit mir Schluss und ich konnte es einfach nicht ertragen. Ich sagte ihm, ich wolle mit ihm über unsere Situation reden und einen Weg finden, wie wir es möglich machen konnten. „Nur, wenn du nach England kommst“, sagte er im Glauben, dass ich das niemals tun würde. „Okay“, sagte ich, „dann ziehe ich jetzt nach England.“ Das überraschte ihn sehr und er meinte noch: „Mein Herz sagt *Ja*, aber mein Verstand sagt *Nein*.“

Das hielt mich nicht auf, denn ich bin ein Mensch des Herzens. Damit war alles geklärt und ich flehte ihn an, uns noch eine Chance zu geben.

Jetzt lag es an mir, mich selbst und meine beiden kleinen Jungs in das Land von Jane Eyre zu transferieren. Da ich mir eine

potenzielle neue Bleibe suchen musste, rief ich in einer Immobilienagentur in London an, um einen Termin zur Besichtigung verschiedener Mietobjekte zu vereinbaren. Trotz meiner schrecklichen Flugangst buchte ich sogleich einen Flug und machte mich auf den Weg zum Flughafen. Da sämtliche Flüge aufgrund eines Schneesturms gestrichen waren, nahm ich stattdessen den nächsten Zug nach London. Der Traumprinz wusste dass ich nach England reisen wollte, aber er konnte sich nicht vorstellen, dass ich tatsächlich so weit gehen würde.
Als ich an meinem Zielort ankam, wurde ich von Gefühlen überschwemmt. Ich war in England. Und noch besser, ich war im Begriff, meinen großen Schwarm zu treffen! Um meinen Traumprinzen zu beeindrucken, erlaubte ich mir noch eine optische Generalüberholung.
Ich war fest entschlossen, uns mit meinem neuen Look, meiner Liebe und meiner Entschlossenheit einen neuen Start zu ermöglichen. Ich durchquerte die weitläufige City of London und fand schließlich zur Wohnung meines Traumprinzen. Er öffnete die Tür und erschrak bei meinem Anblick, als wäre er dem Leibhaftigen begegnet.

Aber andererseits schien er sich auch in seinem Schock zu freuen, denn er bemerkte irgendwann: „Schön, dass du gekommen bist.“
Sein Apartment war ziemlich unaufgeräumt. Es sah aus, als hätte er es seit einer Woche nicht verlassen. Überall standen leere Essensbehälter und die schmutzige Wäsche lag herum. Er wohnte in Canary Wharf, dem Londoner Geschäftsviertel, ganz oben in einem der Wolkenkratzer. Viele Londoner lebten in Hochhäusern und ich erlebte einen ordentlichen Kulturschock. Ich hatte schreckliche Höhenangst, so war es ein Albtraum hochzufahren, ganz bis nach oben in sein Apartment.
Sicher plante ich nicht dort einzuziehen. Ich würde separat wohnen, um ihm nicht zu viel Druck zu machen. Und so begab ich mich auf Wohnungssuche und sah mich nun einer neuen Realität gegenüber, den hohen Preisen für Kost und Logis. Ich konnte mir nur eine Wohnung in einem der ärmsten Viertel, nämlich in East-London, leisten. Dies war nun gar nicht, was

ich mir vorgestellt hatte und weit, weit weg von meiner pittoresken Vorstellung von Jane Eyre's England. Ich borgte mir Geld von einer Freundin, um die Kaution zu hinterlegen, und nahm den nächsten Zug nach Hause. Von dort aus kümmerte ich mich noch um den Rest, bevor ich mit meinen beiden Söhnen nach East London zog.

KAPITEL 3

Ein Umzug nach England

Alles, was scheinbar außerhalb passiert, geschieht, um etwas in unserem Inneren zu bewirken, um uns zu erweitern und zurückzubringen zu dem, was wir wirklich sind.
~Anita Moorjani[3]

Ich hoffte, dass der Umzug ins Vereinigte Königreich die Möglichkeit eröffnete, unsere Beziehung vom reinen Überleben zum Erblühen von etwas Wundervollem zu verwandeln. Ich fing sofort an, alles zu organisieren und nahezu alles wegzugeben, was ich besaß. Ich lebte in einer netten kleinen Wohnung in einer netten kleinen Stadt, alles um mich herum schien so geordnet zu sein, alles an seinem Platz. Aber ich war überhaupt nicht geordnet, nicht im Geringsten! Alle Bequemlichkeiten waren es nicht wert, denn das Wesentliche hatte gefehlt. Wie konnte ich mein Leben genießen, wenn die Liebe fehlte? Mein Herz fühlte sich einsam und unerfüllt an und so war es einfach, mein Hab und Gut wegzugeben.
Im März 2013 flog mein Ex-Mann mit unseren beiden Kindern aus der Schweiz nach England, um ihnen die lange Zugfahrt zu ersparen. Und dann begann mein Leben in England. Nicht nur war ich unselbstständig, jetzt war ich auch noch komplett allein. Zwei Kinder, keine Eltern, keine Freunde und eine Beziehung am seidenen Faden. Ich zog in ein Haus zur Miete, zusammen mit Mäusen, Ratten und einem Berg Schimmel, der noch als extra Mietpartei hätte angerechnet werden können.
Mein Englisch war viel schlechter als erwartet und ich wusste nicht, woher ich Strom beziehen sollte, damit die Heizung funktionierte. Es dauerte sehr lange, bis ich herausfand, wie man den Elektrizitätsschlüssel auflud, um Strom zu beziehen.

Ich wusste nicht, wo ich die Kinder in die Vorschule bringen konnte oder was ich kochen sollte, wo ich doch jeglichen Appetit aufs Essen verloren hatte. Ich hatte kein Bett und so schlief ich auf dem bereits vorhandenen Minisofa. Die Kinder hatten immerhin eine Luftmatratze.
Nachdem ich den Umzug und alle Anträge erledigt hatte, kam der Traumprinz, um mir mit einigen Einkäufen zu helfen. Er sagte, er sei stolz auf mich, dass ich das alles alleine hinbekommen hatte. Anfangs dachte er nicht, dass ich es schaffen würde und nun nannte er mich „Superwoman", weil ich mich um alle Angelegenheiten selbst gekümmert hatte.

Und doch war es eine lange Reise. Ich war immer noch dabei, mich langsam in meine neue Umgebung einzugewöhnen. Die Sprachbarriere, die Einsamkeit und Gefühle der Verzweiflung waren überwältigend, als ich versuchte, alles gleichzeitig zu erledigen. Es war ein komplett neues Leben und die ganzen Hürden machten es sehr schwer. Mein Alltag verfügte nun aber auch über eine gewisse Reichhaltigkeit. Irgendwie war alles sehr unterhaltsam und hatte abenteuerliche Elemente. Ich fühlte mich wie energetisiert.
Glücklicherweise fand ich ein großes Asda-Einkaufscenter, ein bekannter Supermarkt, der zu meinem zweiten Zuhause wurde. Es war ein Ort, den ich besuchen konnte und zu dem ich irgendwie passte. Aber es gab immer wieder neue Hürden. Im Frühling, es war noch bitterkalt draußen, brach ein Fenster und es wurde unerträglich kalt im Haus. Weder ich noch meine Kinder hatten je unter solchen Bedingungen gelebt. Und doch war dies nichts im Vergleich zu meiner verzweifelten Sehnsucht nach der einen wahren Liebe. Ich glaubte, dass das Leid noch schlimmer gewesen wäre, hätte ich den Traumprinzen nicht in meinem Leben gehabt. Es war eine Besessenheit.

An diesem Punkt fragst du dich vielleicht, ob ich meinen Verstand verloren hatte, meinen Kompass, meine Fähigkeit rational zu denken.

An diesem Punkt fragst du dich vielleicht, ob ich meinen Verstand verloren hatte, meinen Kompass, meine Fähigkeit rational zu denken. Du denkst vielleicht: *Wie erbärmlich!* In vielerlei Hinsicht kann man das so sehen, aber andere können meine Misere vielleicht nachvollziehen. Vielleicht bist du selbst in einer ähnlichen Lage oder erlebst ganz allgemein ein dunkles Kapitel in deinem Leben. Glaube mir, du hast hier die Gelegenheit, so viel aus deinem Leid zu lernen, inklusive eines Verständnisses dafür, was Liebesleid ist und warum wir es erleben. Dies zu überleben, hat mich endlich aufwachen lassen, gerade so, wie es dich aufwecken kann. Es führt uns auf den Weg der Selbstentdeckung und die Lehren, die ich daraus gezogen habe, stellten sich als wahrer Segen heraus. Aber zuerst müssen wir uns durch den Prozess hindurcharbeiten.
Ich kann behaupten, dass mein Martyrium mit dem Traumprinzen definitiv alarmierend, aber auch seltsam interessant war. In meinem Leid redete ich mit vielen Fremden über mein Liebesleben. Hoffend auf ein Zeichen, eine Lösung für meine Probleme. Und wieder suchte ich im Außen anstatt Innen nach einer Lösung für meine Probleme. Aber ich lernte auch sehr viele liebenswürdige Menschen dabei kennen. Oft vertrauten mir diese ihre eigenen traurigen Liebesgeschichten an und ich realisierte, dass vielen der traurige Ausdruck in meinem Gesicht bekannt vorkam.

Auf einer der langen Zugfahrten zwischen der Schweiz und England setzte sich ein Reisender, ein Navi-Offizier, wie er sich vorstellte, neben mich. Aus einer freundlichen Geste heraus fragte er:
„Fahren Sie berufsbedingt nach England?“

„Nein", sagte ich. „Aber da Sie schon fragen, lassen Sie mich Ihnen die ganze Geschichte erzählen."
Eine fünfstündige Zugfahrt lag vor uns und der freundliche Herr hatte eine Sitzreservierung und keine Möglichkeit zu entkommen. Früher war ich immer sehr schüchtern und hatte Probleme damit, auf andere Menschen zuzugehen oder generell mit ihnen zu sprechen. Aber seit mein Fokus ganz auf meinen Traumprinzen ausgerichtet war, blieb davon keine Spur mehr. Ich teilte meine gesamte Leidensgeschichte mit meinem gefangenen Zuhörer und als ich fertig war, sah er mich voller Verständnis an. Er bot an, uns ein Glas Wein aus dem Restaurantabteil zu holen, und sagte auf das Fenster deutend: „Spring nicht!"
Ich sprang nicht, trank dafür aber zwei Gläser Wein mit ihm. Da ich normalerweise keinen Alkohol trank, war ich völlig beschwipst, als ich in London St. Pancras ankam. Ich verabschiedete mich von meinem neuen besten Kumpel und gelangte irgendwie zu meinem Hotelzimmer.
Mein nächstes Opfer war der Hotelportier Walther. Er gab mir verschiedene Anregungen, wie ich mich bei meinem nächsten Date mit dem Traumprinzen verhalten solle. Ebenso gab mir ein Taxifahrer den Tipp, ich könnte es mit schwarzer Magie versuchen. Ein Freund von ihm würde dies praktizieren. Aber er war unsicher, ob dies wirklich bei mir funktionieren würde. Nachdem er meine Geschichte gehört hatte, schlussfolgerte er, dass der Traumprinz auf mich schwarze Magie angewendet haben musste!
Mein Ziel war es, perfekt für den Traumprinzen zu sein, sodass er keinen Grund hatte, mich zu verlassen. Ich versuchte, innerlich und äußerlich perfekt zu sein, und tat, als könnte ich das Leben leicht und mit Humor nehmen. Ich fokussierte mich auf mein Äußeres und hatte auch keine Gewichtsprobleme, da ich ja sowieso kaum noch essen konnte. Durch den vielen Stress war mir ständig übel. Ich trug meine schönsten Kleider, lackierte meine Nägel und färbte mein Haar, so wie ich dachte, dass es ihm gefiel. Ich sah aus wie eine Modepuppe, aber nicht wie ich selbst. Ja, ich wurde sehr zur Schauspielerin, doch innerlich war ich ein Trümmerhaufen.

Die Muttersprache meines Traumprinzen war Französisch und so versuchte ich mir selbst Französisch beizubringen, falls dies ein Problem für den Traumprinzen war. Fließend Französisch zu sprechen, hätte auch keinen Unterschied gemacht, aber ich habe buchstäblich ALLES versucht.

Lasst mich noch den Rest der Liste hinzufügen, welche zugegebenermaßen haarsträubend ist.

Ich kaufte ein Hormonspray, welches den Traumprinzen unterbewusst zu mir locken sollte. Wenn das funktioniert hätte, was für eine Basis für eine Beziehung hätte das abgegeben? Aufgesprühte Hormone! Aber offensichtlich habe ich zu diesem Zeitpunkt nicht mehr normal denken können.

Ich googelte Dinge wie: „Wie gewinnt man seinen Ex zurück?" und folgte dann den Ratschlägen. Ich erinnere mich an eine Vielzahl fragwürdiger Konzepte. Einige rieten dazu, so zu tun, als sei man nicht sonderlich am Objekt der Begierde interessiert. Ich erinnere mich, wie ich die vorgeschlagenen Aussagen ihm gegenüber traf: „Oh, es wäre schön, eine offene Beziehung zu haben oder einfach eine Freundschaft." Was für ein erbärmlicher Moment. Wie unglaublich seltsam (und schrecklich in der Erinnerung), dass ich auf dieses Level gesunken war.

Ein anderer Onlineratgeber mahnte, Textnachrichten erst nach einer bestimmten Wartezeit zu beantworten, um das große Interesse nicht zu augenscheinlich durchblicken zu lassen. Wie schon erwähnt, habe ich seit Anbeginn der Beziehung mein Handy ununterbrochen auf Nachrichten von ihm kontrolliert. Mein Herz raste wie wild, als würde es jeden Moment herausspringen, die Minuten bis zu seinem nächsten Anruf zählend. Mein Herz klopfte ständig so laut, dass mir war, als müsste man es noch aus meterweiter Entfernung schlagen hören. Außerdem schwitzte ich ständig.

Was ich ebenso ausprobierte, waren Manifestation und Gedankenkontrolle. Ich las alles darüber, wie man die Dinge, die man in seinem Leben haben will, einfach manifestieren könne. Ich studierte alle Konzepte inklusive des „Vision-Boards" und versuchte an nichts Negatives mehr zu denken. Stattdessen probierte ich, eine harmonische Beziehung mit dem Traumprinzen zu visualisieren.

Rückblickend bin ich froh, dass keiner dieser „Liebestricks“ funktioniert hat. Dies war ein für mich sehr ungewöhnliches Verhalten. Ich hatte nie zuvor versucht, mein Schicksal zu manipulieren, noch war ich je so sehr auf mein Äußeres bedacht. Es war nie von tatsächlichem Wert für mich, weil ich mich noch nie mit meinem Körper identifiziert hatte.
Ich „besaß“ einfach einen Körper. Ich kam nie auf die Idee, mit ihm eine Nachricht zum Ausdruck bringen zu wollen – zumindest bis ich mich in diesen extremen Umständen wiederfand.

Obwohl ich nie andere nach ihrem Äußeren oder ihren Umständen beurteilt hatte, begann ich, mich selbst zu beurteilen.

Obwohl ich nie andere nach ihrem Äußeren oder ihren Umständen beurteilt hatte, begann ich, mich selbst zu beurteilen. Immer wenn der Traumprinz dabei war mich zurückzuweisen, fühlte ich mich sehr verunsichert und begann mich mit großer Härte unter die Lupe zu nehmen. Je mehr ich mich observierte, desto mehr Dinge schienen mir falsch zu sein und ich spürte Wut in mir hochsteigen. Diese Wut war übrigens gegen mich selbst und nicht gegen ihn gerichtet. Warum war ich nicht liebenswert? Ich dachte, ich müsse meinen Körper und mein Aussehen noch mehr verändern, da meine bisherigen Anstrengungen offensichtlich nicht ausreichten. Oder war es meine Persönlichkeit, die ihn abstieß?

KAPITEL 4

Das Chamäleon

Authentische menschliche Interaktionen werden unmöglich, wenn man sich in einer Rolle verliert.
~ Eckhart Tolle[4]

Mir fiel auf, dass ich mich auf seltsame Weise veränderte und ich nahm Charakterzüge an, die nichts mehr mit meinem wahren Sein zu tun hatten. Sich übermäßig auf sein Aussehen zu fokussieren, ist eine Sache, aber sich völlig zum Chamäleon zu verwandeln, eine andere. Die Beziehung zu meinem Traumprinzen war aufgebaut auf einer falschen Vorstellung davon, wer ich war, als wäre ich ein Betrüger.

Eines Tages erwähnte ich ihm gegenüber, dass ein Schimmelexperte mir riet, das Haus samt meinen Kindern augenblicklich zu verlassen aufgrund der immensen Ausmaße des gesundheitsgefährdenden Schimmelbefalls. Der Traumprinz riet mir daraufhin in ein Obdachlosenasyl zu ziehen. Unter normalen Umständen wäre dies vielleicht der letzte Anstoß gewesen. Aber es waren keine normalen Umstände und ich trieb einfach weiter alleine umher ohne eine Lösung für mein Schimmelproblem (oder meine kaputte Beziehung).

Es interessierte ihn nicht, in welchem Zustand sich meine Wohnung befand und dass sie dringend Reparaturen benötigte. Es interessierte ihn nicht, dass die Kosten für den Babysitter viel zu hoch für mich waren und ich weit über meine Verhältnisse lebte. Alles nur, um überhaupt die Möglichkeit zu haben, mit ihm Zeit zu verbringen. Es interessierte ihn nicht, wie schlecht es mir emotional ging, aber ich tat auch alles, um dies vor ihm zu verheimlichen. Ich hatte das Gefühl, ich müsste zum idealen Exemplar von Frau werden, damit es endlich funktionieren würde.

Das Gefühl der ständigen Gefahr, den Mann, den ich liebte, trotz aller Mühen zu verlieren, hinterließ schwere Schäden an meiner physischen, mentalen und spirituellen Gesundheit. Und doch hielt ich die Illusion aufrecht. Die Aufführung war anstrengend und innerlich ... war ich ein Wrack.

Meinem wahren Ich glich ich kein bisschen mehr. Und so verblieb ich im Modepüppchen-Modus und fuhr damit fort, meine schönsten Kleider zu tragen, meine Nägel zu lackieren und meine Haare zu stylen, so wie ich dachte, dass es ihm gefiel. Mit meinem früheren Selbst hatte ich nicht mehr viel gemein, ich konnte nicht mehr richtig essen, trinken oder schlafen.

Das Gefühl der ständigen Gefahr, den Mann, den ich liebte, trotz aller Mühen zu verlieren, hinterließ schwere Schäden an meiner physischen, mentalen und spirituellen Gesundheit. Und doch hielt ich die Illusion aufrecht. Die Aufführung war anstrengend und innerlich ... war ich ein Wrack. Ich fühlte mich zerrissen, versuchte ich doch einerseits für meine Kinder da zu sein und unser Leben zu organisieren und mich andererseits ständig um meine Beziehung zu meinem Traumprinzen zu sorgen.

Wie immer zählte ich die Minuten, bis ich ihn endlich wiedersehen würde. Das war eine reine Qual, denn wir sahen uns nur einmal in der Woche, manchmal nur alle 14 Tage. Aber das Warten schien es immer wert zu sein und er dachte sich stets wieder etwas Cleveres aus, das wir unternehmen konnten. Eigentlich war es mir aber nur wichtig, dass er einfach da war. Mehr wollte ich gar nicht. Manchmal buchte er für uns einen Ausflug für einige Tage an einem spannenden Ort. Wir erforschten viele Teile Englands auf unseren Abenteuern. Auf diesen Reisen lernte ich dann auch ein ganz anderes England kennen.

Als wir die hektische City of London hinter uns ließen, entdeckten wir die idyllische Landschaft, die ich mir in Jane Eyre vorstellte. Ich erinnere mich an die Fahrten mit Zug oder Bus, bei denen eine wunderschöne Landschaft mit weiten Feldern, grasenden Schafen und pittoresken Steinhäusern an uns vorbeizog. Ich erinnere mich noch, wie schnell der Bus durch die eng geschlungenen Straßen fuhr. Die Baumkronen hatten dort die Silhouette der Busse angenommen, von den vielen Malen, die sie immer wieder dort entlangfuhren. Es war fast, als wäre ich in meinem Traum angekommen, aber das war nur der Anschein. So sah es nur aus. Denn im Inneren, wenn es um unsere Beziehung, unsere Gefühle und Kommunikation ging, da war ich nirgends angekommen. Da war ich in Trümmern.
Zuerst nahmen wir den Zug und später das Hovership, um auf eine kleine Insel zu gelangen. Wir erzählten und kuschelten die ganze Fahrt über. Wie schön es war, dass er mir auf der Reise die Füße massierte. Wir genossen die Gesellschaft des anderen, ganz so, als wären wir ein normales Paar.
Als wir ankamen, bot er an, Sandwiches aus dem nahe gelegenen Laden zu holen, damit wir diese beim Sonnenuntergang am Strand essen konnten.
Unvergesslich – ein wundervoller Moment –, bis ich beinahe an einem Stück Basilikum, welches in meinem Hals stecken blieb, erstickte. Ich hustete, bis mir die Tränen kamen, und dachte schon, ich ersticke buchstäblich. Und so entschuldigte ich mich und lief in die nächste Toilette, um weitere Aufmerksamkeit zu vermeiden. Dort hustete ich noch etwa weitere 20 Minuten. Es war witzig und beängstigend zugleich. Als ich zurückkam, fragte er dann, ob alles okay sei. Es musste erst aussehen, als würde ich sterben, bis es tatsächlich seine Aufmerksamkeit erregte.
Einmal besuchten wir ein wunderschönes viktorianisches Schloss. Der herrliche Garten bot verzauberte kleine Verstecke und märchenhafte Teiche, fast als stammte die Umgebung aus meinen Jane-Austin-Novellen. Wir spazierten durch eine Landschaft, die wie in einem Vintage-Film aussah. Dabei hielt er meine Hand und sagte liebevolle Dinge zu mir, alles Mögliche, das bedeutete „Ich liebe dich", ohne aber diese exakten Worte zu

benutzen. Das hatte er während der gesamten Beziehung nicht zu mir gesagt.
Unter vielen Schichten gab es unzählige Indizien dafür, dass diese Beziehung nicht halten sollte. Aber ich wollte es einfach nicht wahrhaben. Einmal überraschte er mich mit einem Flug an die französische Riviera, an die Côte d'Azur. Doch die Reise wurde überschattet von den Flugturbulenzen, die wir erlebten, und meiner exzessiven Flugangst. Ich war überwältigt vom Unbehagen, so hoch oben in der Luft zu sein, und dann auch noch die ständige Unsicherheit in der Beziehung mit dem Traumprinzen. Er saß direkt neben mir, als das Flugzeug plötzlich steil nach unten sank. Wir fielen. Es hob mich buchstäblich aus dem Sitz, als wir kurzzeitig in die Tiefe stürzten – und fast alle Passagiere fingen an zu schreien.
Unwissend darüber, was als Nächstes geschehen würde, unterdrückte ich eine äußere Panikattacke und erlebte stattdessen eine nach innen gerichtete. Der Pilot machte keinerlei Kommentar. Es war nur still. Der Traumprinz war überhaupt nicht hilfreich. Der Mann mittleren Alters, der direkt neben mir saß, bemerkte, dass es mir nicht gut ging. Während wir fielen, versuchte ich an seiner Schulter Trost zu suchen und irgendwie fand ich diesen Trost in der Präsenz dieses Fremden.
Als die Turbulenzen vorüber waren, sah mich der Mann mit einem breiten Lächeln an und sagte: „Sind wir durch." Er zeigte sichtlich mehr Mitgefühl und Sorge als mein Schein-Seelengefährte, welcher nur in die Leere starrte und mich ignorierte. Die Dysfunktion zwischen uns schwebte immer im Hintergrund, etwas, das ich zu meinem eigenen Nachteil immer noch zu ignorieren versuchte.
Neben diesem Flug erinnere ich mich auch noch sehr gut an einen Spaziergang, den wir entlang der Küste machten, vorbei an einem Abgrund, der auf der rechten Seite gleich hinter einer kleinen Mauer verlief. Es war ein warmer, sonniger Tag. Ich kletterte auf die Mauer und balancierte am Abgrund entlang. Ein sehr steiler Abgrund, aber ich wollte sehen, wie der Traumprinz reagierte. Würde es ihm überhaupt auffallen? Interessierte er sich überhaupt dafür, wie es mir ging? Ich fragte ihn, was

er davon halten würde, wenn ich hinunterspränge. Er antwortete nicht. Ich wollte unbedingt eine Reaktion von ihm sehen, irgendeinen Indikator dafür, dass ich ihm nicht egal war. Aber er reagierte überhaupt nicht. Später sagte er mir, er sei wirklich besorgt um mich gewesen, wovon in dem Moment jedoch nichts zu bemerken war.

Für mich fühlte es sich so an, als ob irgendetwas mich locken wollte zu springen. In einem Film würde man an dieser Stelle wohl eine seltsam entstellte Stimme sprechen hören, die mich in Versuchung bringen wollte, hier alles zu beenden. Aber in Wirklichkeit waren die einzigen Stimmen, die ich hörte, die von der Menschenansammlung, die sich um mich zu sorgen schien. Die Leute um uns herum beobachteten, wie ich auf die Mauer stieg, und schauten besorgt in meine Richtung, ganz im Gegensatz zu meinem Traumprinzen. Jemand rief: „Mademoiselle, Mademoiselle!" und gab mir wild gestikulierend zu verstehen, ich solle sofort von der Mauer herunterkommen. In diesem Moment, und auch nur ganz leise, fühlte ich ein kleines bisschen Angst vor mir selbst.

Welch einem seltsamen Skript wir doch folgten. Destruktiv und traurig. Nichts war mehr normal und ich wollte nicht mehr so handeln, wie ich handelte und nicht mehr sprechen, so wie ich sprach. Und doch tat ich es.

Aber mir war das alles egal. Ich fühlte mich wie ein Schlafwandler. All die seltsamen Dinge, die passierten, die seltsamen Dinge, die ich tat und die er tat. Welch einem seltsamen Skript wir doch folgten. Destruktiv und traurig. Nichts war mehr normal und ich wollte nicht mehr so handeln, wie ich handelte, und nicht mehr sprechen, so wie ich sprach. Und doch tat ich es.

Ich lebte wirklich für die wenigen Momente, in denen der Traumprinz den Vorhang fallen ließ und liebevoll mit mir umging.

Aber es war offensichtlich, dass ich blind vor Liebe war, egal wie sich der Traumprinz verhielt. Es war egal, dass er nicht wie ein perfekter Filmstar aussah; obwohl, in meinen Augen war er nicht weniger als perfekt, auch wenn er mit seinem Aussehen nicht wirklich zufrieden war. Andere hätten ihn vielleicht gar nicht erst beachtet, aber ich bestand darauf, dass er perfekt war, auch wenn er mir manchmal das Gegenteil präsentierte. Meine rosa Brille verschleierte so viel.

Zum Beispiel gab er mir seinen alten Laptop und was fand ich darauf? Seine Pornografie. Ich sagte zu ihm: „Ist das dein Ernst? Ich sehe deine Seiten für Erwachsene, die du besucht hast!“ Da meinte er: „Das kann gar nicht sein, ich habe alles gelöscht!“
Das war so typisch und egal wie viele Entgleisungen und Fehler er beging, ich himmelte ihn an. Ich fand es süß, wie er, wenn wir uns auf unseren Reisen verirrten, Leute nach der Richtung fragte und tat, als würde er aufmerksam zuhören. Dabei hörte er gar nicht richtig hin und wir irrten weiter umher. Ich himmelte ihn an, als er in schnellem Tempo in eine Glaswand lief. Eine kleine, alberne Episode, die sich auf einem unserer Dates ereignete. Ich sehe es noch in Slow-Motion vor mir. Ich fühlte mich so schlecht für ihn, als er in das Glas reinlief und alle Leute ihn anstarrten. Aber zum Glück blieb er unverletzt. Er versuchte cool zu reagieren und meinte: „Welcher Idiot hat diese Glaswand hier installiert?“
Er hatte einige seltsame Ticks wie diese ausgesprochene Pingeligkeit. Zum Beispiel wusch er sich ständig die Hände und desinfizierte sie. Nach einem Strandspaziergang benötigte er sehr viel Zeit, um jedes einzelne Sandkorn von seinen Füßen zu entfernen. Nie zuvor habe ich jemanden getroffen, der sich so sehr um die ästhetische Erscheinung seiner Nägel, Hände und Füße bemüht. Andererseits schien es ihm gut zu gefallen, wenn ich durch das Tragen meiner Socken Fusseln zwischen den Zehen hatte – was ich doch irgendwie verstörend fand. Außerdem machte er willkürlich seltsame Mahlgeräusche mit den Zähnen, etwas, das ich vorher nur bei meiner Oma bemerkt hatte.

Er liebte es, mit seinen seltsamen Aussagen meinen Blutdruck in die Höhe zu jagen. Er genoss es, mich zu Dingen einzuladen, von denen er wusste, dass ich sie nicht mag. Einmal kippte er mir eine Flasche eiskaltes Wasser in mein T-Shirt, während wir auf den Zug warteten, nur um meine Reaktion zu testen. Ja, mein Traumprinz, ich fand ihn wirklich süß in seiner frechen und seltsamen Art. Apropos seltsam, ich fand sogar sein Niesen einzigartig. Wahrscheinlich war es allergiebedingt, aber seine plötzlichen „Hatschuuus" waren ziemlich laut und großflächig. Alles flog einfach überall hin – Gesundheit! Aber diese kleinen Eigentümlichkeiten waren leicht zu übersehen. Und ich fand sie irgendwie niedlich und einzigartig. Wie ich schon sagte, er konnte nichts falsch machen.
Seine dunklen Tendenzen waren da schon schwieriger zu übersehen. Traurigerweise oder eher erschreckenderweise himmelte ich ihn noch an, wenn er gemein wurde. Normalerweise war er vorwiegend witzig und neckend mir gegenüber oder oft auch provozierend. Er sagte immer: „Ich will wissen, wo deine Grenzen sind." Und dann begann er mir wehzutun. Schlimmer noch, es gefiel ihm mir wehzutun.

Beispielsweise spielte er mit meinem Pferdeschwanz und wie aus dem Nichts zog er plötzlich daran. Hart. Oder er kniff mich unerwartet. Ich fragte ihn, warum er das tat, und er sagte, es sei, weil es ihm gefiel, Schmerz zu geben. Und so kniff ich ihn zurück. Er schrie laut auf: „Ich mag es Schmerz zu geben, nicht ihn zu empfangen!" Die Intimität in der Beziehung war ebenfalls von viel Leid geprägt, darauf möchte ich jedoch nicht näher eingehen. Immer wieder erwähnte er, dass das Leben ein Spiel sei, in welchem man entweder gewinne oder verliere. Genauso behandelte er auch unsere Beziehung, wie ein Spiel nach seinen Regeln. Er entwickelte eine Art System aus Belohnung und Strafe und es schien, als könnte ich nur verlieren.
Das hätte die rote Flagge für mich sein müssen. Ich hätte hier erkennen müssen, dass ich mit einem potenziellen Narzissten zusammen war. Nicht, dass ich zu dem Zeitpunkt wusste, was ein Narzisst überhaupt ist. Während meiner Reise der Heilung

suchte ich noch immer im Internet nach Hinweisen und fand heraus, dass ein Empath das Gegenteil von einem Narzissten sei. Ich war definitiv ein Empath und ich fragte mich, ob es für meinen Traumprinzen überhaupt ein Label gab. Aber Gegensätze ziehen sich ja bekanntlich an.

Wäre ich noch ganz bei Verstand gewesen, hätte ich der kleinen warnenden Stimme in meinem Kopf mehr Beachtung geschenkt. Aber meine Emotionen haben das verhindert.

Wäre ich noch ganz bei Verstand gewesen, hätte ich der kleinen warnenden Stimme in meinem Kopf mehr Beachtung geschenkt. Aber meine Emotionen haben das verhindert. Ich war für jede Kritik und Hinterfragung an meinem Traumprinzen blockiert. Auch wenn ich andere Leute abfällig über sogenannte Narzissten reden hörte, dachte ich mir, man sollte generell nicht einfach jemandem ein Label aufdrücken. Narzissmus ist eine mentale Störung. Sollten wir da nicht eher Mitgefühl haben?

Einige meiner Bekannten deuteten ebenfalls an, dass der Traumprinz ein Narzisst sei und was tat ich? Ich spielte es herab. Ich verteidigte ihn, bestand auf seine Individualität und seinen einzigartigen Lebensweg, von dem sie nichts wissen konnten. Ich störte mich nicht an seinem überhöhten Selbstwertgefühl, seiner übergroßen Sehnsucht nach Aufmerksamkeit und seinem Verlangen nach Bewunderung – laut Internet alles typische Symptome. Ich störte mich auch nicht an seiner Neigung zu schwierigen Beziehungen oder daran, dass er nicht viel Mitgefühl für andere hatte. Nichts von dem war ein Grund für mich, die Beziehung zu beenden, denn ich war einfach verrückt nach ihm. Und so ging es weiter mit dem Missbrauch.

Die Frage war: „Warum? Warum tat ich mir selbst das an?“

Ich fürchtete die Stimmungsschwankungen meines Traumprinzen von liebevoll zu eiskalt, denn oft führte dies zu Zurückweisung (oder schlimmer noch dazu, dass er wieder mit mir Schluss machte). Denn dann begab ich mich in die nächste Runde der Selbstobservation und Selbstfolter und schnitt dabei nie gut ab. Ich fühlte mich komplett gefangen in diesem ungesunden Kreislauf. Hast du dich schon mal selbst dafür verletzt, dass du nicht „gut genug" warst? Ich tat es. Ich fühlte so viel Druck, dass ich anfing, mich zu verletzen, zu schlagen und kleinzumachen. Schlimm genug, dass mich der Traumprinz misshandelte, nun misshandelte ich mich auch noch selbst. Ich hätte für mich mehr Liebe und Respekt aufbringen sollen, stattdessen verachtete ich mich. Es war, als hätte ich einen bösen Zwilling, der äußerlich wie ich erschien, aber innerlich nichts mit mir gemein hatte. Ich konnte noch immer nichts essen, was ich als Vorteil sah, denn so war ich „schön dünn". Diese Essstörung entwickelte sich zur Anorexie, Ich dachte, so würde ich begehrenswerter aussehen. Wenn ich schlank und zart aussah, wie etwas, das man beschützen wollte. Dann würde der Traumprinz das vielleicht sogar tun – bei mir bleiben und dann lernen, mich zu lieben.

Wenn auch magersüchtig, war ich ein Nimmersatt in anderer Hinsicht, nämlich wenn es um Bestrafung ging zum Beispiel. Was für eine Ironie.

Wenn auch magersüchtig, war ich ein Nimmersatt in anderer Hinsicht, nämlich wenn es um Bestrafung ging zum Beispiel. Was für eine Ironie. Ich dachte, ich bräuchte diese Liebe, um überhaupt noch existieren zu können. Ich glaubte, dass auch meine Kinder davon profitierten, sobald ich endlich erfüllt und glücklich sein würde. Heute bin ich froh, dass sie zu dem Zeitpunkt noch so jung und flexibel waren. Sie haben diese Zeit gut überstanden. Aber die Beziehung zu meinem Traumprinzen gab sicher kein gutes Beispiel für sie ab. Es ist etwas, von dem ich nicht möchte, dass sie es je erleben müssen, noch möchte ich, dass *irgendjemand* so etwas erleben muss. Aus diesem Grund schreibe ich dieses Buch.

Als ich dachte, es könnte nicht schlimmer kommen, fand ich heraus, dass er mich betrügt. Es war im August 2014, 9 Monate nachdem wir zusammenkamen und einen gemeinsamen Ausflug machen wollten. Ich holte ihn ab und wartete in seiner Wohnung auf ihn, da er noch auf der Arbeit war. Als er ankam, war er nicht sehr glücklich, mich so unerwartet zu sehen. Er schien recht angespannt zu sein.

Vielleicht lag das daran, dass ich ihn vor einigen Wochen schon mal besuchte und eine pinkfarbene Zahnbürste in seinem Badezimmer fand.

Bei meinem jetzigen Besuch war immer noch diese fremde Zahnbürste in seinem Bad. Das wunderte mich doch und ich schaute in seinen Schrank, ob meine Kleider immer noch darin hingen. Sie waren zu meiner Erleichterung noch da. Gerade als ich mich etwas besser fühlte und dachte, das mit der Zahnbürste hatte vielleicht eine völlig plausible Erklärung, bemerkte ich blonde, mittellange Haare auf dem Sofa, auf dem ich gerade saß. Das waren ganz klar nicht meine Haare. Ich wurde sofort von Übelkeit überschwemmt, innerlich war es, als würde ich fallen.

Von Stresshormonen überschwemmt ging ich ins Schlafzimmer und warf einen Blick auf das Bett. Langes, braun gelocktes Haar fand ich dort auf dem Kissen. Hatte er eine Blonde UND eine Brünette? Wie viele andere gab es? Das war einfach nur Horror. So etwas hatte ich noch nie gefühlt. Es dauerte nicht lange, bis er nach Hause kam und mein bleiches Gesicht bemerkte.

„Was ist?“, fragte er.

„Du hast mich betrogen. Da sind Haare auf dem Sofa“, antwortete ich.

„Jemand war hier für ein After-Work-Meeting“, erklärte er.

„Aber es gibt noch mehr Haare im Bett.“

„Das kann nicht sein, ich habe die Bettwäsche gewechselt!“, platzte er heraus.

Schließlich gab er es zu und war nun sehr genervt von mir und wies mich noch mehr zurück. Ich stand unter Schock, war vollkommen paralysiert. Ich erinnerte ihn an all die wundervollen Dinge, die er über mich gesagt hatte, über uns.
Er sagte, nichts davon sei wahr.
Es fühlte sich an, als würde mich jemand einen Abgrund hinabstoßen. Mir war bis zu diesem Zeitpunkt nicht klar, dass es überhaupt möglich war, sich so zu fühlen. Ich erinnere mich, dass ich mir ein Taxi bestellte und mich tot fühlte. Ich konnte nicht aufhören zu weinen, und erzählte dem Taxifahrer, was das Leben für ein Mist sei, und fragte ihn, wie das nur sein konnte. Er antwortete: „Diese Dinge passieren immer wieder. Ich höre das öfter … so ist das Leben."
Selbstmord erwägend, rief ich meinen Ex-Mann an und bat ihn zu kommen.
Das tat er und wir diskutierten über alles. Wir sprachen zum Glück sehr viel nach unserer Trennung. Nein, mein Ex und ich sind nie wieder zusammengekommen, aber wir konnten immer wie gute Freunde miteinander reden und uns gegenseitig unterstützen.
Und so begann eine nach außen hin selbstbewusste und aufpolierte Frau innerlich zu zerfallen. Eine kleine Stimme in meinem Inneren fragte, ob ich all das wirklich wollte. Wollte ich *wirklich* mein Leben mit jemandem verbringen, der mich so behandelte? Die Stimme war nicht sehr laut und ich konnte sie beiseiteschieben. Ich wollte nicht darüber nachdenken. Ich wollte es nicht hören. Ich wollte den Traumprinzen und ich glaubte ihn für mein Glück zu benötigen. Und so begnügte ich mich damit, im Elend zu leben, solange ich ihn nur hatte.

Wir versöhnten uns wieder, aber inzwischen war alles nur noch ein schlechtes Schauspiel. Selbst ich musste zugeben, wie absurd diese Beziehung wurde.

Natürlich setzte ich meiner Erniedrigung keine Grenzen. Nach zwei Monaten trafen wir uns wieder. Er genoss es mir zu erzählen, wie gut alles für ihn laufe und wie schön seine Spaziergänge im Park seien. Er wollte mir zu verstehen geben, dass er sich mit jemand anderem traf. Wir versöhnten uns wieder, aber inzwischen war alles nur noch ein schlechtes Schauspiel. Selbst ich musste zugeben, wie absurd diese Beziehung wurde.
Er buchte uns einen Flug, dessen Zielort eine Überraschung sein sollte. Ich bin nicht sicher, was er sich ausgedacht hatte, möglicherweise eine Reise nach Cornwall. Auf der Zugfahrt zum Flughafen fiel mir auf, dass er sein Handy vor mir versteckte. Er versteckte sein Handy immer, aber jetzt besonders auffällig. Ich sah, dass er mit einer Frau schrieb, und befragte ihn darüber. Seine Erklärung war, dass es sich um eine Fremdsprachenlehrerin handelte, weil er plante, ins Ausland zu gehen, und deswegen Nachhilfestunden nahm. Es war alles sehr mysteriös, aber auch offensichtlich, dass dies der Grund für seine Geheimniskrämerei war.
Ich wollte wissen, worum genau es ging, und fragte nach Details. Er machte mit mir Schluss, noch bevor wir den Flughafen erreichten. Ich glaube, es war das siebte Mal. Ich erinnere mich noch, wie ich auf dem Boden vor dem Flughafen saß, da, wo er mich abserviert hatte. Weinend und wieder einmal innerlich sterbend. Mein Herz fühlte sich an wie ein Wrack. Ich sah die vorübergehenden Passanten und fragte mich, warum ich niemanden kümmerte.
Warum hielt nicht jemand an und fragte, wie es mir ging? Ich fühlte mich, als wäre in mir nichts als Leere, ein schwarzes Loch. Hoffnungslosigkeit. Orientierungsloser Schmerz.
Ich wusste nicht genau, in welcher Stadt ich war und wie ich nach Hause kommen sollte. Schließlich nahm ich mir ein Taxi, denn ich wollte den öffentlichen Verkehr meiden und nicht ständig in neue Busse umsteigen müssen. Ich saß unsichtbar auf dem Rücksitz, weinend, bis mich der Taxifahrer vor meiner Tür ablud.
Und selbst das war noch nicht das Ende. Der Traumprinz und ich redeten immer noch einige Male und trafen uns. Aber nicht lange darauf, erwähnte er einen neuen Job in Asien und dass

er dorthin ziehen würde. *Aha*, dachte ich. Das erklärte die Geheimnisse um die Sprachstunden während unseres letzten Beziehungsabbruchs.
„Versuchst du vor mir davonzulaufen?“, fragte ich.
„Teilweise“, gab er zu. „Je mehr du *ja* sagst, desto mehr sage ich *nein*.“
Wie soll ich beginnen, den neuen Schwall an Emotionen zu beschreiben, der mich nun überflutete. Dunkler als je zuvor und meine gesamte Existenz verkraternd. Der Traumprinz war meine Existenz und nun im Begriff für immer zu verschwinden. Ohne Wiederkehr. Wie sollte ich das nur aushalten? Es war, als hätte mich jemand in einen Abgrund mentaler Qual gestoßen, tiefer als ich mir je hätte vorstellen können. Es war eine ganz neue Ebene von Schmerz. Ich hätte mir nie vorstellen können, dass man so etwas fühlen konnte.

Rückblickend kann ich kaum glauben, dass ich mich auf so ein Drama mit dem Traumprinzen eingelassen habe. Aber in dem Moment konnte ich meine Gefühle nicht verneinen oder stoppen.

Da war ich nun, verzweifelt und einbrechend in schrecklichem Schmerz. Alles war jenseits von unerträglich und scheinbar endlos. Ich erlebte verschiedene Stadien von Trauer, die erste war Verweigerung. Ein Teil von mir hoffte, dies wäre nur eine weitere Turbulenz. Rückblickend kann ich kaum glauben, dass ich mich auf so ein Drama mit dem Traumprinzen eingelassen habe.
Aber in dem Moment konnte ich meine Gefühle nicht verneinen oder stoppen.
Der Traumprinz beendete nun zum achten und endgültigen Male unsere Beziehung und ich würde nun einen Weg finden müssen, damit klarzukommen. Er machte dies vollkommen deutlich.

Nachdem ich jedoch dort ankam, was sich wie das bittere Ende anfühlte, fand ich mich tatsächlich an einem komplett neuen Anfang wieder. Ich war dabei, mich endlich wiederzufinden. Ein langer, langsamer Prozess, den ich nun versuche zu beschreiben.

KAPITEL 5

Das große Aufräumen

Wenn eine Knospe bricht, wird sie zur Blüte, wenn ein Herz bricht, wird es göttlich.
~ Sri Sri Ravi Shankar[5]

Was machen wir normalerweise, wenn Unordnung herrscht? Unsere Tendenz ist es aufzuräumen. Mit meinem gebrochenen Herzen, welches mein Leben in ein einziges Chaos verwandelt hatte, war klar, was jetzt getan werden musste. Ich fühlte, dass ich mich noch immer mit Trauer und „Flashbacks" abmühte. Wo beginnen, wenn man noch vor so viel Herzschmerz taumelt? Das war das Problem. Wie sollte ich nur einen Anfang machen? Letztlich fühlte ich, alles, was mir zu tun blieb, war die große Unordnung, die jetzt in meinem Kopf herrschte, aufzuräumen, um ihn zu einem besseren Ort zum Leben zu machen. Nur so konnte es weiter vorwärtsgehen. Aber wie?

Der erste Schritt war eine mentale Inventur meiner Ängste. Ich wusste tief im Inneren, dass Angst nicht gesund war und ich musste meinen Verstand und meinen Geist davon säubern. Ich erinnerte mich an die vielen Ängste, die der Traumprinz während unserer Beziehung in mir wachrief. Er lud mich zum Schlittschuhlaufen ein, wohlwissend, dass ich das nicht mochte. Obwohl ich eine unglaubliche Flugangst hatte, lud er mich auf mehrere Reisen mit dem Flugzeug ein. Und meine sozialen Unsicherheiten meldeten sich, als ich mit so vielen Menschen auf meinen Reisen kommunizieren musste. Ich hatte große Angst davor verlassen zu werden und der Prinz verließ mich gleich 8 Mal. Und er betrog mich, ein ganz schreckliches Erlebnis. In einer Beziehung konnte ich mir gar nichts Schlimmeres vorstellen.

Die „Angst-Knöpfe" wurden zweifelsfrei gedrückt. Aber ich begegnete der Angst als ein Beobachter anstatt als Opfer.

Die „Angst-Knöpfe“ wurden zweifelsfrei gedrückt. Aber ich begegnete der Angst als ein Beobachter anstatt als Opfer. Durch den enormen Schmerz bin ich meiner Rolle entrückt und sah nun alles mit einem gewissen Abstand, fast wie ein Schulprojekt. Dies half mir enorm und ich fragte mich, welche anderen auf Angst basierenden Probleme da noch lauerten und aufgeräumt werden mussten.

Die Angst vor Leid war eine, die Angst vor Depression eine andere und dann gab es da noch die Angst vor Einsamkeit. Auch spürte ich, dass seelisch irgendetwas fehlte. Es stellte sich heraus, dass ich mich allem stellen musste, was ich in meinem Geiste als schrecklich oder belastend empfand.
Dieses Buch liefert eine Chronologie dieser Probleme und geht dabei auf jedes Thema (Leid, Depression, Einsamkeit) Kapitel für Kapitel ein. Ich benutze, je nach Situation, Worte wie „Verstand“ oder „Geist“, welche im Englischen in dem Wort „Mind“ zusammengefasst sind. Wenn ich also vom Verstand oder Geist spreche, so beinhaltet dies mehr als nur rationales Denken. Es beinhaltet ebenso unser Bewusstsein, unser Wachsein.
Hier gehe ich nun besonders auf das Kapitel „Angst“ ein, denn es ist eine der tiefgehendsten, schwächendsten Emotionen. Ihr zu begegnen, war ausschlaggebend in meinem Aufräumprozess. Es war schon in sich selbst angsteinflößend, wie besessen ich von meinem Traumprinzen wurde. Es war, als könne ich mich in seiner Anwesenheit mehr spüren und fühlte mich lebendiger. Er hatte etwas in meinem innersten Sein ausgelöst. Ich fühlte die Liebe in meinem Herzen intensiver.
Das zu verlieren, ihn zu verlieren, verursachte eine neue Sorte Angst, die Angst vor Empfindungslosigkeit, als sei ich nur eine leere Hülle. Es schien, als bräuchte ich den Traumprinzen, um noch irgendetwas fühlen zu können. Aber warum? Warum

konnte ich nichts mehr ohne ihn fühlen? Es gab noch andere, nette, verlässliche, liebevolle „potenzielle Partner", die Interesse an mir hatten. Wieso zog es mich dann so zum Traumprinzen hin?
Mein Leben drehte sich schon von Anfang an ganz plötzlich beinahe nur noch um ihn, obwohl ich ihn kaum kannte. Jetzt, da er aus meinem Leben verschwunden war, fragte ich mich: „Warum war er so besonders?" Die Menschen um mich herum fanden an ihm gar nichts Besonderes. Sie sagten nur, ich müsse verrückt geworden sein. Was anfangs so klar zu sein schien, machte nun keinen Sinn mehr und ich forschte nach dem „Warum?" unserer Beziehung. Selbst das war zunächst beängstigend, jedoch erlaubte es mir, mich auf „mich" und nicht mehr auf „uns" zu konzentrieren.
Das hatte ich mir bis dahin nicht erlaubt zu tun – frag mich warum –, jetzt war es aber dafür ausschlaggebend, um weiterzugehen. Tatsächlich musste ich mich allem stellen und loslassen, was je einen dunklen Schatten hinterlassen hatte. Warum? Weil mein Leben hier aufgehört hatte. Es gab keine Ordnung mehr und ich konnte nirgendwo ansetzen, um weiterzumachen. Es gab keinen Boden mehr.
Ich musste mein Leben vollkommen neu ordnen. Dieses Ereignis ließ mich alles hinterfragen und ich musste mich erst wieder finden, um überhaupt weitergehen zu können.
Es war, als begänne ich ein ganz neues Leben. Ich war jetzt motiviert und mutig genug, um meinen dunklen Schatten zu begegnen. Mein Leben fühlte sich bereits unerträglich an. Dadurch konnte ich meinen Schatten viel einfacher begegnen. Diese dunklen Schatten wieder zu besuchen, bedeutete, meine Ängste anzuerkennen und sie dann weiterziehen zu lassen. Letztlich sah ich sie nur noch als Schatten, nichts weiter.
Was habe ich entdeckt? Ich habe einem Menschen erlaubt, Kontrolle über mein Leben auszuüben, jemandem, der genauso unsicher und ängstlich wie ich war. Jemand, der nicht wusste, wer er war oder was der Sinn dieses Lebens oder der Liebe war. Der Traumprinz versuchte in dieser Welt der Rückschlüsse zu überleben, auch wenn ich spürte, dass er selber nach Antworten suchte.

Seine Angst (und meine) zeigte, dass wir nicht in Liebe und Vertrauen lebten – nicht einmal ansatzweise. Sie offenbarte meine ungelösten Probleme, die jetzt angeschaut werden wollten. Ich realisierte langsam, dass je mehr wir in uns selbst in Frieden sind, desto mehr Liebe und Vertrauen finden wir und desto weniger Angst kann uns ergreifen. Diese Wahrheit voll und ganz anzunehmen, bedeutete, ich musste mich all meinen Problemen stellen. Jedem einzelnen.

Ich habe mir eine Analogie überlegt. Vielleicht kann sie dir helfen, dich durch deine Ängste und Sorgen zu navigieren, um so dein Leben friedvoller und so heiter wie möglich zu machen. Mein Bewusstsein ist wie das erste Haus, in dem ich lebe. Meine nächstgelegene Wohnstätte. Es ist wie die erste Schicht. Wenn diese nicht solide und ausgeglichen ist, steht die zweite Schicht, nennen wir es physisch manifestierte Schicht, auf keiner soliden Basis. Dies ist ein weiterer Grund, seine Ängste gehen zu lassen, die großen Destabilisatoren.

Wir wollen, dass unsere Häuser stabil und gemütlich sind. Nicht durchdrungen von negativen Gefühlen und Ängsten, dafür aber gefüllt mit Liebe, Ehrlichkeit, Akzeptanz und Authentizität. Auch wenn ich mit „Haus" unser Bewusstsein meine, fließt dieser Begriff ebenso in unser Alltagsleben ein. Unser Wohnraum, in dem wir atmen, essen, schlafen usw., kann uns ein Gefühl von „hygge" geben. „Hygge", ein wunderbares dänisches Wort, das einen Lebensstil beschreibt, in welchem man in gemütlicher, herzlicher Atmosphäre, das Gute des Lebens genießt. Es geht um das Gefühl „zuhause zu sein".

Interessanterweise veröffentlichen die Vereinten Nationen einen jährlichen „World-Happiness-Report"[6].

Dieser zeigt auf, dass die Menschen in den nordischen Ländern glücklicher zu sein scheinen. Demzufolge trügen ein Gefühl von Sicherheit, Stabilität im Beruf, soziale Unterstützung, Vertrauen unter der Bevölkerung und andere mehr oder weniger konkrete Gründe zu diesem hohen Rang bei. Ein Mangel an Angstbasierten Entscheidungsprozessen spielt hier ebenso eine Rolle. Es heißt, dass das Wort *„hygge"* vom altnordischen Wort *„hugr"*, später auf Englisch „hug" – „Umarmung", kommt und es lässt

sich mit „Seele, Geist/Mind, Bewusstsein" übersetzen. Aus diesem Grund macht der Begriff „hygge" viel Sinn. Oberflächlich betrachtet, kann dieser Begriff die Dinge beschreiben, mit denen wir uns umgeben wie Möbel und Dekorationen. Introspektiv jedoch kann es „gute Gedanken, angenehme Gesellschaft, gute Unterhaltung oder eine Atmosphäre von Ruhe und Ausgeglichenheit" bedeuten.
Wie sollen wir nun eine Atmosphäre von „hygge" genießen, wenn wir eigentlich voller Angst sind? Wenn jede Ecke, jeder Winkel unserer mentalen und physischen Behausung von Angst durchflutet ist? Welchen Wert hat ein solches Leben und warum wollen wir an so einem Ort überhaupt leben? Sobald wir uns unsere Ängste einmal ehrlich ansehen und überwinden, finden wir Ruhe und Frieden. Erst dieser Schritt erlaubt es uns, endlich zur Ruhe zu kommen, uns zu entspannen und unsere gemütlichen Wohnstätten wirklich genießen zu können. Die Wohnstätten in unseren Köpfen und die, welche uns umgeben. Dann können wir das Hygge-Konzept als Werkzeug für alle Umstände benutzen, egal wo wir sind, ob auf der Arbeit oder im Supermarkt oder auf einer Reise in die Ferne. Heute erlebe ich diese Ruhe und diesen Frieden, indem ich einfach „bin", ohne noch etwas von außen oder jemand anders zu benötigen, um glücklich zu sein.

Aus meiner Sicht führen die oben genannten Punkte zu tiefergehenden Fragen, zum Beispiel: Womit füttern wir unser Gehirn? Welche Art Informationen fließen in unsere Köpfe und Wohnstätten? Was machen die Online-Informationen, das Fernsehen und generell die Meinung anderer mit uns? Es ist gut, unseren täglichen Konsum an Nachrichten, die zumeist durchweg negativer Natur sind, zu hinterfragen, denn sie können unseren Geist auf verschiedene Weisen beeinflussen. Die Art und Weise, wie wir uns mit uns selbst und anderen Menschen fühlen, wird durch angstbasierte Nachrichten eingefärbt sowie von unseren Reaktionen darauf (Adrenalin, Panik, Angstreaktionen). Angst kann ein Gefühl von Hilflosigkeit hervorrufen. Besonders wenn Tragödie und Defekt aufgeputscht werden und im

Übermaß darüber berichtet wird. Wir können jedoch diesen Rhythmus erkennen und dessen Quelle einfach abstellen, indem wir entscheiden, die Tastatur oder die Fernbedienung nicht zur Hand zu nehmen, und damit eine Kettenreaktion im Gehirn verhindern. Der Stress-Stimulant ist damit fort.

Dies bringt uns zum Thema Selbstergründung, in welcher wir in uns selbst forschen und nach Antworten auf seelischer Ebene suchen.

Haben wir Angst, alleine zu sein? Haben wir Angst, uns selbst zu begegnen? Benötigen wir finanzielle Sicherheit? Welche äußeren Themen oder Mächte machen uns Angst und wie begegnen wir ihnen?

Wenn wir wissen, wonach wir suchen, wie beispielsweise bedingungslose Liebe, aber in einer Beziehung leben, welche auf Angst, Gier oder Unwahrheit beruht, ist das, als gäben wir die falschen Zutaten in den Topf. Das Rezept stimmt nicht.

Die Antwort hier lautet: Nachforschen, nachforschen, nachforschen. Stelle dir die richtigen Fragen, nämlich die, die dich zur Wurzel des Problems bringen. Und diese Wurzel können wir finden, wenn wir von ganzem Herzen danach suchen. Immer ehrlich und authentisch. Vielleicht kann ich dies an folgendem Beispiel veranschaulichen. Wenn wir wissen, wonach wir suchen, wie beispielsweise bedingungslose Liebe, aber in einer Beziehung leben, welche auf Angst, Gier oder Unwahrheit beruht, ist das, als gäben wir die falschen Zutaten in den Topf. Das Rezept stimmt nicht. Vielleicht haben wir zu viel Angst, die Zutaten zu verändern, und verderben damit die Speise. Wir stecken fest in einer Matrix, die wir selbst geschaffen haben.

Im Falle des Traumprinzen erwartete ich, einen wundervollen Kuchen aus dem Ofen zu holen. Aber diese Erwartung wurde nicht erfüllt, da ich die falschen Zutaten verwendete. Ich habe Dinge wie gestelltes Verhalten, Vertuschungen und verzweifelte Versuche, Wasser aus einem trockenen Schwamm zu wringen, hinzugefügt. Ich musste damit anfangen, komplett ehrlich zu werden, zunächst einmal mit mir selbst, um auch nur einen Aspekt von „hygge" in mein Leben zu bringen.

Wenn wir die Wahrheit hinter unseren Umständen erkennen wollen, wenn wir auf der Suche sind, um wahre und bedingungslose Liebe zu verstehen und zu erfahren, dann müssen unsere Gedanken und Taten aus Liebe und Ehrlichkeit heraus geschehen. Das „hygge" am Ende des Tunnels der Wahrheit kann nicht erreicht werden, wenn der Weg dahin auf Lügen basiert. Welches wunderschöne oder friedvolle „Ding" kann aus einem Zustand der Angst hervorgebracht werden? Ich habe erwähnt, dass der Angst zu begegnen ein Prozess ist; etwas, das ich betrachtet und klarifiziert habe, bis nur noch ein oder zwei fundamentale Ängste übrig waren. So wie die Angst vor dem Sterben. Viele Ängste erscheinen, als beinhalteten sie verschiedene Themen, aber letztlich laufen sie alle in den Wurzeln zusammen als nur eine Angst und erscheinen lediglich, als seien es mehrere. Wenn wir uns vor tödlichen Krankheiten, Unfällen oder Katastrophen ängstigen, so gehören sie doch alle zur gleichen Haupt-Angst, der Angst vorm Sterben.

Ich konnte erkennen, dass die Angst vor dem Sterben ein Thema war und ich identifizierte sie als die Wurzel der meisten Ängste. Ich fühlte mich bereits völlig am Rande meiner Existenz, bereits wie tot in meinem schrecklichen Zustand nach dem Ende der Beziehung. Von diesem Standpunkt aus konnte ich der Angst geradewegs ins Angesicht blicken. Selbstmord erwägend scheute ich nicht mehr davor zurück, mich dem Gedanken ans Sterben zu stellen und er brachte das Thema wahrlich ans Licht. Ich konnte es untersuchen, ohne von irgendetwas zurückgehalten zu werden. Es war, wie durch ein Ausschlussverfahren zu gehen, um zur eigentlichen Wurzel des Themas, dem ich mich jeweils widmete, zu gelangen.

Auf diese Weise reinigte und ordnete ich meinen Verstand von Ängsten und übermäßigem Zerdenken, ordentlich und sauber wie einen Schreibtisch. Damit kreierte ich mir sozusagen mehr Platz. Es brachte mehr Klarheit und mein Verstand, mein Geist, war nicht mehr in einem mentalen Verkehrsstau gefangen, jener Ort, an dem es zuvor kaum Kontrolle gab. Ich habe mir in meinem Bewusstsein eine ganz neue Basis geschaffen und mit dieser neuen Basis konnte ich einfacher beobachten, was für Gedanken und Informationen dort hindurchflossen. Ich konnte nun erkennen, wann ich bewusst über etwas nachdachte, oder im Gegensatz dazu, wann ein willkürlicher negativer Gedanke hindurchströmte. Wenn sich der Gedanke nicht nach meinem eigenen anfühlte und auf Angst basierte, so konnte ich ihn gleich weiterziehen lassen.

Jetzt, da ich verstand, wie die Angst uns in ihrem Griff haben konnte, machte es Sinn für mich, auf diesem Selbstbeobachtungspfad zu bleiben, bis keine Reste von Angst mehr übrig waren. Es gibt ein Zitat von Marianne Williamson: „Unsere größte Angst ist nicht unzulänglich zu sein. Unsere größte Angst ist grenzenlos mächtig zu sein. Es ist unser Licht und nicht unsere Dunkelheit, die uns so ängstigt.“[7]

Haben einige Menschen Angst vor dem Licht, weil es so ungewohnt ist? Sind sie so in dunkler Angst gefangen, dass sie vor dem Licht zurückschrecken? Es scheint, als sei die Zeit gekommen, dass wir uns alle unseren Ängsten, dem Unbekannten, stellen und das Licht mit offenen Armen empfangen. Ein neues Paradigma, eine neue Art zu sein.

Aber es gab noch mehr Probleme in Augenschein zu nehmen. So wie das Leiden, welches aus dem Liebeskummer heraus entstanden ist und zu einer Depression führte, die es nun zu bewältigen galt.

KAPITEL 6

Sind wir zum Leiden verurteilt?

Vergib dir selbst dafür, dass du nicht wusstest, was du nicht wusstest, bevor du es erlebt hast. Ehre deinen Pfad. Vertraue deiner Reise. Lerne, wachse, entwickle dich weiter, werde.
~ Creig Crippen[8]

Wie seltsam dir meine Geschichte wohl erscheinen mag, ein Mädchen von seinen Gefühlen überwältigt, naiv und verzweifelt. Eine junge Frau mit einer Essstörung und einer seltsamen Sehnsucht nach Romantik. Ein Bücherwurm, der sich mit Jane Eyre identifizierte und unrealistische Erwartungen an eine Partnerschaft hatte. Jemand mit vielen Ängsten, die es zu überwinden galt. Alles mit dem Ziel, die wahre Liebe zu finden. Das erinnert mich an ein Videospiel, das ich einmal gespielt hatte. Es hieß darin: „Liebe ist, worum die Welt sich dreht."

In der Tat, Liebe ist essenziell. Alles im Leben dreht sich um die Liebe und darum, wie wir uns fühlen, wenn wir nicht genug davon haben. Wenn wir lieben und geliebt werden, fühlen wir uns glücklich. Wir sind gelassen, nicht bedürftig oder hungrig nach mehr. Wenn wir jedoch keine oder nicht genug Liebe haben, fühlen wir das Gegenteil. Wenn wir Liebe nicht erfahren und leben, hungern wir danach und fühlen uns ohne sie verloren. Wir werden müde und vielleicht sogar stumpf und zynisch. Das Leben wird zur Schinderei und fühlt sich mehr nach einem Überleben an – das Gegenteil von einer gesunden, bedeutungsvollen Existenz. Es ist keine Überraschung, dass dies zu Depression führen kann, möglicherweise sogar zu einer schweren Depression.

Im letzten Kapitel sprach ich von allen Ängsten und dunklen Schatten, die mich verfolgten. Zu realisieren, was ich am meisten fürchtete, nämlich die Abwesenheit von Liebe, zeigte mir, dass dies der Knackpunkt meines Leidens war. Der Verlust meines Traumprinzen transportierte mich in eine emotionale Hölle, welche mich dazu antrieb, Arbeit auf seelischer Ebene zu leisten. Es war an der Zeit, die Last abzulegen und es gab viel zu überdenken und durchzuarbeiten. Manchmal half es auch zu sehen, wie andere mit ihrem Leid umgingen und es sich womöglich zunutze machten. Und darum teile ich hier meine Erfahrung in der Hoffnung, dass sie dir auch von Nutzen sein kann. (Selbst wenn sich deine Depression sehr von der meinen unterscheidet.)

Gefangen in einer miserablen Existenz fragte ich mich: „Sind wir zum Leiden verurteilt?" Oberflächlich gesehen mag dies eine seltsame Frage sein. Und doch, es gibt verschiedene Abstufungen von Leid und Qual, die wir alle durchleben. Das scheint ein ganz „normaler" Teil des Lebens zu sein. So, als gehörte es einfach dazu. Und doch lautet die Antwort: „Nein". Wir sind nicht zum Leiden verurteilt. Aber *wenn* wir leiden, dann geschieht das aus einem Grund. Unser Leiden ist eine Einladung, genauer hinzusehen, tiefer zu gehen.
Das Leiden in der Traumprinz-Saga übertraf alles, was ich zuvor an Leid erlebt hatte. Tatsächlich brachte es ein neues Paradigma in mein Leben, welches meine Fähigkeit, das Leben noch länger auszuhalten, tiefgreifend beeinflusste: Depression. Während ich unter meiner Depression litt, führte mich dies zu einer weiteren Frage: „Hat Depression einen Nutzen, einen tieferen Sinn?" Wie schon gesagt, *wenn* wir leiden, dann passiert das aus gutem Grunde. In meinem Fall geschah es, damit ich mich dort hindurcharbeitete. Hätte ich mich nicht hindurchgearbeitet, könnte ich den Ausweg nicht teilen.
Ich war kein Neuling, wenn es um das Thema Depression ging. Sie war wie ein alter Bekannter, der mir zuvor schon öfter begegnet ist: während meiner leidvollen Beziehung, als meine Eltern starben, nach der Geburt meiner Kinder, und als ich versuchte, meinen Ängsten zu entkommen, indem ich sie beiseiteschob. Aber mein Traumprinz machte klar den ersten Platz. Durch ihn erreichte ich eine ganz neue Ebene der Qual. Es war,

als beeinflussten die Gefühle, welche durch die Beziehung mit ihm ausgelöst wurden, meine gesamte Existenz und meine Fähigkeit zu lieben. Ich spürte, dass mich dieses Leiden auf einer ganz tiefen Ebene erreichte. Es ging schließlich immer weniger um ihn, sondern viel existenzieller um mich selbst. Ich erinnere mich an die einsamen Nächte, in denen ich mich in den Schlaf weinte, auf Hilfe hoffend. Es fühlte sich unerträglich an, in diesem Zustand zu leben und ich fragte mich, was für Optionen ich hatte. Kein Held kam vorbei, um mir meine Sorgen zu nehmen. Aufzugeben bedeutete, mich umzubringen.
Meine Gedanken kreisten um das Thema Selbstmord und ich realisierte, dass es sich bei mir inzwischen um einen „Notfall" handelte. Ich fühlte, dass ich mich jetzt ganz um mich kümmern, mich zu meiner Hauptpriorität machen musste, da sonst das ganze Gerüst zusammenfallen würde. Wie gern hätte ich mich in eine kleine Hütte in den Bergen zurückgezogen, um mich nur mit Natur und Stille zu umgeben.
Aber ich hatte zwei kleine Kinder, die auf mich angewiesen waren. Ich musste mich auch um sie kümmern und tat das, so gut ich konnte. Sobald sie in der Vorschule waren, widmete ich mich mir selbst mit all meiner Aufmerksamkeit. Ich ging auf sehr lange Spaziergänge, denn ich hatte das Gefühl, mich ständig bewegen zu müssen. Es gab aber auch Zeiten, in denen ich mich nicht bewegen wollte, dann habe ich mich dazu gebracht, mich doch zu bewegen. Hätte ich das nicht getan, wäre ich in eine resignierte Starre gefallen und dann wären Menschen gekommen, um sich um mich zu kümmern. Was auch immer das bedeutete. Aber ich wollte das nicht. Ich musste mich um mich selbst kümmern und laufen. Ich musste aufstehen und weitermachen. Eine Freundin meinte zu dem Zeitpunkt, ich gehörte in eine Klinik für psychisch kranke Menschen.
Ich versuchte zu beten, aber ich fühlte mich so leer und verloren. Ich wusste gar nicht, wofür ich eigentlich beten sollte. Selbst jetzt fällt es mir schwer zu beschreiben, wie sich diese Existenz anfühlte, oder besser gesagt Nicht-Existenz. Vielleicht kommen hier die Worte des Linkin-Park-Sängers Chester Bennington den Nuancen am Nächsten. Er teilte in einem

YouTube-Video[9] während eines Interviews seine Beschreibung davon, wie sich Depression für ihn anfühlte. Er sagte, er wolle kein menschliches Wesen mehr sein. Ich fühlte mich nicht mehr wie ein menschliches Wesen. Ich fühlte mich wie in eine Kiste gesperrt, von der Außenwelt getrennt. Das Leben fühlte sich nicht mehr nach Leben an. Ich war voll und ganz in einem eingeengten, grauen, leblosen Zustand. Ich fühlte mich tot. Er erwähnte, dass alles so seltsam war, alles fiel in sich zusammen und alles, was in der Welt geschah, motivierte ihn nicht mehr, um weiterzuleben. Ich wusste genau, was er meinte und es gab kein Indiz, wie oder wann dieses schreckliche, überwältigende Gefühl aufhören würde. Alles war stumpf und farblos. Das Essen hatte keinerlei Geschmack. Schlaf war nicht entspannend und nichts war mehr angenehm. Alle Lebendigkeit und Fröhlichkeit waren verschwunden. Ich fühlte mich von allem losgelöst und ich sah keinen Grund weiterzumachen, TROTZ der Liebe zu meiner Familie und meinen Kindern. Es war einfach schrecklich.

Alles, was übrig blieb, war meine blanke Existenz ohne ein Anzeichen von Liebe. Und ich wollte keine Existenz ohne Liebe. Ich würde eher sterben. Aber wenn ich aufgeben würde, was bedeutete das eigentlich?

Alles, was übrig blieb, war meine blanke Existenz ohne ein Anzeichen von Liebe. Und ich wollte keine Existenz ohne Liebe. Ich würde eher sterben. Aber wenn ich aufgeben würde, was bedeutete das eigentlich? Was genau aufgeben? Mein Leben? Was, wenn mein Leben unendlich weiterginge?

Seit frühester Kindheit hatte ich gehört, dass das Leben weitergehe nach dem Tod. Ich hatte von englischen Medien gehört, die mit den Verstorbenen Kontakt aufnehmen konnten. (Selbst meine Mutter konnte verstorbene Seelen sehen, hatte aber nie viel darüber mit mir gesprochen.) Viele berichten über ihre Nahtoderlebnisse. War der Tod dann überhaupt eine endgültige Lösung? Ich war sicher, dass wir in irgendeiner Form oder Ebene nach dem Tod weiter existieren und so hatte ich keinerlei Garantie, dass das Verlassen meines Körpers mir wirklich weiterhelfen würde. Wie sollte mir Selbstmord dann weiterhelfen? Wie würde es meinen Kindern damit gehen? Was, wenn ich diesen Schritt dann bereuen würde und merkte, dass ich einen großen Fehler begangen hatte? Meine jungen Söhne brauchten eine Mutter, verdienten eine Mutter. Also war Selbstmord auch keine Option. So war es nun an mir, alles zu klären leichter gesagt als getan. Schließlich musste ich irgendwie aus dieser Depressionsspirale herausklettern und herausfinden, wieso ich mich überhaupt in diesem Zustand befand. Ich suchte nach der Antwort auf die Frage nach dem Sinn und Nutzen.

Das Thema Selbstmord ist so sensitiv, so persönlich und alarmierend, dass ich zögerte es überhaupt zu erwähnen. Aber während ich dieses Buch schrieb, realisierte ich, dass dies vielleicht sogar Leben retten könnte. Ich weiß, dass ich damit nicht allein war und dass hunderte, tausende Menschen mit Depression und Selbstmordgedanken hadern. Vielleicht braucht es mehr ehrliche Diskussionen zu dem Thema, um das Stigma und die Scham aufzulösen. Nach meiner Erfahrung fühle ich, dass dieses „Leben-und-Tod"-Thema einen Sinn und Wert hat und nicht unter den Teppich gekehrt werden sollte.

Chester Bennington gab sein Leben schließlich auf. Ich tat es nicht. Ich hielt es weiter aus, der Leblosigkeit zum Trotz. Ohne Freude, Sicherheit, Liebe oder sonst etwas. Ich hoffe, das ist Beweis genug, dass man es dort hindurch schaffen *kann*. Wir können wieder heil und ganz und glücklich werden.

Glaub mir, das war eine Herausforderung! Es gab Rückschläge und schwache Momente. Aber wie durch ein Wunder habe ich weitergemacht. Ich erklärte meinen Kindern, dass es „Mama nicht gut ging", aber dass es bald wieder gut werden würde. Ich sagte das nicht nur, um sie zu trösten. Ich sagte es, weil ich es meinte. Ich ging zum Arzt, der mir die Einnahme von Antidepressiva empfahl. Ich erinnere mich noch an die Diskussion. Ich fragte ihn, wie mir diese Tabletten bei meinem Problem helfen sollten. Er sagte, sie würden mir helfen, damit es mir besser ginge. Aber wie? Wie sollten mir diese Chemikalien dabei helfen, meine Probleme zu lösen? Ich brauchte Liebe und ich wusste, dass Liebe das wahre Heilmittel war. Da diese Liebe aber unerreichbar schien, fühlte ich mich elendig genug, um den Tabletten eine Chance zu geben.

Nach ein oder zwei dieser Pillen hatte ich eine seltsame Erfahrung. Es war, als würde ich träumen, obwohl ich wach war. Es war, als wäre ich auf seltsame Art von der Realität getrennt und ohne jedes Zeitgefühl. Die Tabletten verschlimmerten diese Empfindungen, anstatt sie zu mildern. Alles schien jetzt noch dunkler zu sein. Ich weiß nicht, wie lange ich mich in diesem Zustand befand, aber er war so intensiv und erschreckend, dass ich nie wieder eine Tablette nahm. Ich war emotional schon in einem schlechten Zustand, da brauchte ich nicht noch so etwas. Auf der Liebeskummer-Richterskala befand sich mein Leid noch oberhalb des Messbaren. Die Gesamtheit meines Zusammenbruchs sorgte dafür, dass ich mich schließlich selbst verlor. Ich verlor meinen Verstand und ich hatte das ständige Gefühl von Liebesabwesenheit, das keine Tablette hätte heilen können. Da die Tabletten nicht funktionierten, würde eine Therapie helfen? Für mich ganz persönlich war dies keine Option, die Sinn ergab, aber ich weise hier darauf hin, dass es keine Schande ist, sich professionelle Hilfe und Intervention bei Depression zu suchen. Ich rate jedem, der in einer leidvollen Situation wie dieser ist, seine ganz eigenen persönlichen Entscheidungen zu treffen und sich individuell leiten zu lassen. Wie der Haftungsausschluss zu Beginn des Buches erklärt, sollte man sich medizinische Hilfe bei emotionalem und körperlichem Leid suchen. Während wir von inspirierenden Geschichten profitieren und sogar Beratungsgruppen besuchen können, sollten wir uns nicht komplett auf die Erfahrungen von Nicht-Profis, mich selbst dazugezählt, verlassen.

Ich hoffe mit dem Vertiefen des Themas Depression, welches viele von uns kennen, die verschiedenen Momente und Phasen leichter zugänglich zu machen, um sie bearbeiten zu können und eine neue Perspektive aufzuzeigen. Eine Tour durch den Tunnel sozusagen. Leid ist nicht nur emotional. Oft betrifft es unseren Geist, zeigt sich aber auch physisch. Ich weiß, wovon ich spreche, denn ich habe alles davon erlebt.

Meine Emotionen waren ein einziges Durcheinander. Mein spirituelles Selbst war scheinbar nicht existent, während mein physisches Selbst in einer kleinen, schimmeligen und von Mäusen bevölkerten Behausung vor sich hin vegetierte. Es war eine miserable Existenz.

Meine Emotionen waren ein einziges Durcheinander. Mein spirituelles Selbst war scheinbar nicht existent, während mein physisches Selbst in einer kleinen, schimmeligen und von Mäusen bevölkerten Behausung vor sich hin vegetierte. Es war eine miserable Existenz.

Also was jetzt? Wie konnte ich diese Depression nur überwinden? Ich wusste es einfach nicht und reflektierte weiter über meine Umstände. Mir dämmerte, dass ich mehr vom Leben wollte und dass mein wahres Ich oft glücklich war. Bevor ich den Traumprinzen kannte, fiel es mir leicht zu lächeln, zu lachen und zu lieben. Ich wollte dieses glückliche Selbst zurück. Wir alle haben schon mal von dem Mantra „Lebe im Moment“ gehört. Und da dieser Moment das war, wo dieses Leid stattfand, konnte ich ihm nicht entkommen – bis ich mich ihm stellte. Mir fiel auf, dass ich mir immerhin WÜNSCHTE, dass es mir besser ging. Ich wollte mich wieder gut und vollständig fühlen. Ich erkannte schließlich einen Unterschied zwischen dem, was ich bin, im Gegensatz zu dem, was ich hier erlebte. Ich sah eine

Abweichung zwischen der Essenz dessen, was mich im Kern ausmacht, und dem Ich, welches sich aus den Ereignissen meines Lebensweges formte. Da ist mein reines Sein, das Ich, für das ich geliebt werden möchte, meine Seele. Und es gibt das Ich, zusammengestellt aus Aktionen und Reaktionen in verschiedenen Variablen, welches auch als Ego bezeichnet wird. Wofür ich gesehen werden wollte, war meine Seele, und nicht das, was ich gestern tat oder was ich heute tue oder meine äußere Erscheinung. Ich wollte nur als und für mich selbst, mein Selbst, gesehen werden.

Wenn du dich erinnerst, ich bat auch Gott um Hilfe. Ich begann wieder zu beten.

Dieses Mal aber mit mehr Klarheit. Ich fokussierte mich die ganze Zeit auf Gott. Ich war nie religiös und ich hatte nie eine Ahnung davon, was Gott war, als ich zu ihm betete. Ich fokussierte mich einfach auf mein Herz und hatte Gefühle für Gott auf seelischer Ebene – keinerlei Ideen, Idole oder Bilder in meinem Kopf. Ich verbrachte so viel Zeit wie nur irgend möglich in Stille und war sehr sensitiv für meine Umgebung. Ich konnte keine lauten Geräusche oder andere Stimulation mehr ertragen. Und so saß ich in Stille, ausgestreckt nach „Gott", was auch immer das bedeutete. Keine Worte, keine Bücher, nichts als inneres Gebet.

Irgendwann bemerkte ich, dass in den Tiefen meines Bewusstseins eine kleine, leise Stimme sprach. Eine sanfte, liebevolle, zarte Stimme. Fast wie ein sachtes Flüstern, das Weisheit ganz ohne Worte vermittelte. Das machte mich sehr neugierig. Es ist das Allerbeste, was mir jemals passiert ist. In all dem Leid gab mir diese Stimme das Gefühl, nicht allein zu sein. Und ich schenkte ihr meine ganze Aufmerksamkeit. So saß ich nun Stunde um Stunde mit dieser Stimme. Und mit der Praxis verstand ich sie besser und besser.

Wenn ich eine Frage hatte, widmete ich mich mit aller Aufmerksamkeit dem, was die Stimme mir antwortete. Und die Antworten kamen. Auf alle Fragen. Als ich alles aufgab, ohne

zu wissen, was als Nächstes kam, wandte ich mich täglich nach innen mit der Frage „Was soll ich tun?“, aber immer nur für den jeweiligen Tag, denn mein Horizont ragte nicht mehr über das Heute hinaus. Ich konnte nur noch das sehen, was JETZT war, und verlor jede weitere Perspektive. Bald schon verließ ich mich ausschließlich auf diese innere Führung und hinterfragte sie auch nicht mehr. Ich wusste sowieso nicht mehr, was wirklich gut für mich war oder was ich tun oder denken sollte. Ich verließ mich auf nichts anderes mehr als auf diese innere Stimme. Es wurde extrem wichtig, nicht mehr vorauszuschauen oder im Vergangenen hängen zu bleiben und stattdessen nur noch im Hier und Jetzt zu sein.
Das ist auch der „Ort“, an dem ich heute lebe. Ich lebe nicht mehr in der Vergangenheit oder Zukunft, nur noch im Jetzt. Und ich überlasse alles, was zu tun ist, dieser inneren Führung, ganz ohne den Impuls, irgendetwas erreichen oder lösen zu wollen.
Und damit stieg ich aus dem Griff meines menschlichen Verstandes aus, wie ich es in der Traumprinz-Situation beschrieben habe. Aus dem Griff der menschlichen Wahrnehmung. Aus dem Griff der Depression. Ich identifizierte mich nicht mehr mit dem Leid, denn ich war diejenige, die das Leiden wahrnahm. Wenn ich mal einen Tag habe, an dem ich in keiner guten Stimmung bin, verliere ich mich nicht mehr darin. Ich sehe es, ich nehme es wahr und es zieht weiter. Ich bin der Beobachter dessen, was passiert, und das, was passiert, ist nicht das, was ich bin. Das ist der große Unterschied.
Indem ich losließ, klammerte ich mich nicht mehr an schlummernde Probleme, denn ich sah nun alles aus einer Distanz. Ich war bereit, mich allem zu stellen, was meinen Geist unruhig machte. Loszulassen bedeutete einfach, meinen Frieden mit dem zu machen, was war. Beim Blick auf die Dinge, die mich belasteten, realisierte ich, dass das größte Thema von allen dasjenige war, wie ich mich selbst behandelte. Das Zuwenig an Liebe für mich selbst. Und hier kommt das Thema des Egos zurück – welches war der Aspekt von mir, der geliebt werden wollte und welcher Teil von mir wollte seine vorhandene Liebe teilen?

Mein Herz war voller Liebe und wollte sie teilen – schon von Anbeginn. Ein anderer Teil von mir sehnte sich so sehr nach Liebe und fühlte einen großen Mangel. Oberflächlich betrachtet, sieht das nach einem Rätsel aus. Tatsächlich jedoch handelt es sich hier um den denkenden Verstand, das Ego, durch welchen ich diesen großen Mangel wahrnahm. Zu realisieren, dass das Herz bereits voll und reich ist, hat alles verändert.

Schließlich erkannte ich mein gebrochenes Herz, meinen Liebeskummer als etwas Großes, etwas Bedeutungsvolles. Ich spürte, dass etwas ganz Außergewöhnliches geschah, als ich mich dort hindurcharbeitete. Es motivierte mich dazu, nicht aufzugeben, nicht einzubrechen. Es gab mir Stärke und Zusicherung, um weiterzumachen.

Das Ziel war es, im Hier und Jetzt zu leben und dies zu einem angenehmen Ort zu machen. Es war nicht leicht, aber ich lernte so viel in diesem Prozess, zum Beispiel, wie mysteriös das menschliche Leben doch ist.

Überall gibt es Widersprüche. Sie finden sich sogar in unserem eigenen Verhalten und in unseren eigenen Gedanken und fügen unserem Leben dieses Gefühl von „seltsam" hinzu. Für mich war meine Liebesgeschichte die Krone der Seltsamkeit und ist vielleicht ganz anders als die deine. Meine Verstrickungen sehen vielleicht völlig anders aus als deine. Mein Liebesleid und meine Depression haben vielleicht andere Untertöne, aber wir teilen sicher auch einige Gemeinsamkeiten: die Liebe für ein Kind, die Liebe für die Eltern; wie wir uns fühlen, wenn wir krank sind; wie es ist, an Liebeskummer zu leiden und der Zusammenbruch, wenn ein geliebter Mensch uns verlässt.

Unsere individuellen Erfahrungen haben ähnliche Wurzeln. Jeder ist in einem unterschiedlichen Zustand des Bewusstseins und Wachseins. Wo auch immer wir im Leben sind, wo auch immer wir auf unserer Reise durch eine Depression sind, wir werden letztlich wieder zu uns selbst geführt. Und darum geht es schließlich: unsere Beziehung zu uns selbst.

Es dauerte eine lange Zeit, um zu dieser Erkenntnis zu gelangen. Ich musste mich durch Traumata und Rückschläge arbeiten, nach Antworten suchen, mir meiner selbst bewusst werden.

Es dauerte eine lange Zeit, um zu dieser Erkenntnis zu gelangen. Ich musste mich durch Traumata und Rückschläge arbeiten, nach Antworten suchen, mir meiner selbst bewusst werden. Wir haben alle unsere eigenen Wege, um unsere Schichten abzulegen und vielleicht sind meine Momente der Erkenntnis in Resonanz mit dir.

Meine eigene Ergründung schlängelte sich durch viele Emotionen, inklusive der Depression, die ich in diesem Kapitel beschreibe. Auch ihnen musste ich begegnen und indem ich das tat, kam ich meiner Ganzheit einen Schritt näher. Meine turbulente Beziehung mit dem Traumprinzen sowie die Erfahrungen mit meinem Ex-Mann, meinen Freunden oder völlig Fremden passierten aus gutem Grunde. Ich blicke auf all meine Lebenserfahrungen, besonders die schweren, und fühle mich dankbar. Ich würde nichts verändern wollen. Obwohl einige Ereignisse sehr unangenehm waren oder sogar schrecklich, brachten sie mich alle näher zu mir selbst. Alles Leid brachte mich dazu, mich nach innen zu wenden und mich zu fragen, was das alles bedeutete. Rückblickend fühlt sich dieses Leiden gar nicht mehr nach Leiden an, denn heute sehe ich das Geschenk, welches es bereithielt. Heute sehe ich seinen Wert, den ich damals nicht erkennen konnte. Was ich damals Leiden nannte, würde ich heute als ein Sich-Öffnen bezeichnen. Je mehr ich in meinem Leben gelitten habe, desto tiefer habe ich hingesehen. Umso tiefer habe ich hinterfragt.
Ich würde nicht wählen, mir mein Leid zu ersparen, auch wenn dies hart erscheint. Mehr als das. Manchmal fühlte es sich unerträglich an. Genau genommen fühlte es sich sehr oft unerträglich

an, als würde das Leid Narben an meiner Seele hinterlassen. Aber tatsächlich hat nichts meiner Seele je Schaden zugefügt, sondern es brach buchstäblich mein Herz auf, sodass ich endlich die Liebe finden konnte, die darin enthalten ist. Ich bin dankbar für jede einzelne Erfahrung in meinem Leben, denn jede brachte mich ein Stück weiter nach Hause.
Meine Erfahrungen erlaubten mir, auf einer viel tieferen Ebene zu sehen, zu erleben und Empathie zu fühlen. Auch bereiteten sie mich darauf vor, ein weiteres Thema anzusprechen: Einsamkeit.

KAPITEL 7

Verlust und Einsamkeit

Fühl dich nicht einsam, das gesamte
Universum ist in dir.
~ Rumi

Ich blieb einsam zurück, schrecklich, schrecklich einsam – ohne den Traumprinzen in meinem Leben. Ich fragte mich, warum wahre Liebe so schwierig war und warum sich das Happy End mit meinem Traumprinzen nicht materialisiert hatte. Wie sollte ich ohne einen Partner funktionieren, ohne einen Seelengefährten, wo das doch alles war, was ich mir wünschte? Ich war ratlos in meiner Einsamkeit und dieser Zustand öffnete mich für tiefere „Seelenarbeit". Es brachte mich dazu, tiefer zu graben. Es war, als könnte ich es nicht aushalten, mit mir selbst allein zu sein. Ich habe zuvor schon erwähnt, dass ich nicht sehr selbstständig war, aber es war mehr als das. Ich vermisste die Essenz, die Seele, das Bewusstsein meines Traumprinzen, den Teil von ihm, zu dem es mich zog und der mich mit ihm durch dick und dünn gehen ließ. Diese Liebesgeschichte gab mir einen Sinn, ein Ziel. Aber ohne diesen Sinn, was sollte ich da tun? Wie um alles in der Welt sollte ich über dieses Gefühl des Verlustes und emotionalen Schadens hinwegkommen?

Auch wenn ich mich durch meine Depression durchgearbeitet hatte, so lauerte doch die Einsamkeit und mir war klar, ich musste mich auch dort hindurcharbeiten. Ich erwähnte bereits meine milde soziale Phobie, welche bei meiner Einsamkeit nicht gerade hilfreich war. Aber als ich es nicht länger aushielt und mich meinen Problemen stellen musste, zog es mich automatisch zu Menschen als einen Weg auf der Suche nach Hilfe. Das Gefühl des Getrenntseins löste sich immer weiter auf und ich fühlte mich mehr und mehr mit allem und allen verbunden.

Ich sprach tiefgehend über meine Liebesgeschichte und die Liebe im Allgemeinen, mit dem Kassierer im lokalen Supermarkt, Taxifahrern, einer Gruppe von Drogendealern, Pfarrern, vielen Nachbarn aus meiner Straße und Zugpassagieren. Ebenso tief unterhielt ich mich mit Menschen, die einfach an meiner Türe aufkreuzten, wie Händler, Spendensammler, Lieferanten, Handwerker oder Zeugen Jehovas.
Die Reaktion dieser freundlichen Fremden war immer sehr verständnisvoll, da sie aus eigener Erfahrung wussten, wovon ich sprach. Sie wussten, wie verloren ich mich fühlte, viele haben ähnliche Situationen erlebt. Ein Telekommunikationsvertreter ließ sich auf ein sehr langes, tiefes Gespräch mit mir ein und kam irgendwann regelmäßig vorbei, um sich über mein sowie sein eigenes Liebesdrama zu unterhalten. Es stellte sich heraus, dass auch er an großem Liebeskummer litt. Er bot mir sogar an, mit dem Traumprinzen zu reden, um ihn zurückzubringen.

Ja, er wusste ganz genau, von welchem Liebesschmerz ich sprach und wir unterhielten uns bei einem Glas Wein lange über die Liebe, Leiden, Leben und Gott.

Und wir bemerkten, egal welcher Religion wir angehörten oder welche Muttersprache wir hatten, wir konnten einander perfekt in der Sprache der Liebe verstehen.

Die waren sehr interessant, diese Unterhaltungen über Gott. Obwohl wir in unterschiedlicher Konfession aufwuchsen, fühlten wir doch gleichermaßen die Liebe für Gott. Und wir bemerkten, egal welcher Religion wir angehörten oder welche Muttersprache wir hatten, wir konnten einander perfekt in der Sprache der Liebe verstehen. Auf dieser Reise unterhielt ich mich mit vielen Männern und ihre Reaktion war häufig: „Ich wünschte, jemand würde mich so sehr lieben, wie du diesen Mann liebst! Ich würde dich heiraten!"

Ich hatte tatsächlich so einige spontane Heiratsanträge. Einerseits war dies schmeichelhaft und es half mir, mich in einem anderen Licht zu betrachten. Andererseits machte es mich noch frustrierter, weil andere Männer offenbar meinen Wert erkannten und mein authentisches Selbst schätzten, während der Traumprinz das nicht tat. Letztlich sah ich es so, dass es vielleicht des Traumprinzen Pech und mein Glück war, dass unsere Beziehung scheiterte. Eine ganz neue Perspektive.

In meinen Gesprächen mit Fremden kam immer wieder mal das Thema Selbstliebe und Selbstfindung auf. Die Menschen fragten sich, warum ich das überhaupt wollte. Welchen Wert hat es, so tief zu gehen? Warum sollten wir uns selbst ergründen wollen? Mir wurde klar, dass wahrer Frieden und Erfüllung nur aus dem Inneren kommen konnten. Aber um zu dieser Erkenntnis zu gelangen, war es ein langer Weg. Ich bemerkte, dass ich, indem ich mich nach innen wandte und die richtigen Fragen stellte, die Wurzeln der Ängste und die der Einsamkeit herauskristallisieren konnte.

In diesen Diskussionen über Einsamkeit und das Gefühl des Verlorenseins konnte ich erkennen, dass das Leben konstantem Wandel unterliegt. Alles verändert sich ständig. Partner kommen und gehen. Familienmitglieder kommen und gehen. Unsere Haustiere kommen und gehen. Interessen kommen und gehen. Die Jahreszeiten kommen und gehen. Geld kommt und geht. Gedanken kommen und gehen. Unser Wohlbefinden kommt und geht. Vorlieben kommen und gehen. Wohnverhältnisse kommen und gehen. Regierungsführer kommen und gehen usw. Alles verändert sich, egal was wir versuchen festzuhalten. Auch die noch so solide erscheinenden Themen wandeln sich. Aber! Es gibt eines, das bleibt immer bei uns und wir nehmen es überallhin mit. Uns selbst. Das ist, was immer präsent ist. Das Selbst. Damit meine ich nicht unsere persönlichen Vorlieben und Abneigungen, denn diese wandeln sich auch. Aber unser tiefes Selbst, unsere Lebendigkeit nicht. Darum kann man hier eine Diskussion darüber beginnen, dass man ja eigentlich nie allein und verloren ist, denn wir haben immer uns selbst – einen ständigen Begleiter. Und da dieser ständige Begleiter niemals fortgeht, sollten wir da nicht versuchen, mit „ihm" Bekanntschaft zu machen, ihn kennenzulernen und vielleicht sogar versuchen eine Freundschaft aufzubauen?

Ich liebe es, dieses Unterstützungssystem zu haben. Diesen unerschütterlichen Freund und Kameraden – mich selbst, den „Einen".

Ich liebe es, dieses Unterstützungssystem zu haben. Diesen unerschütterlichen Freund und Kameraden – mich selbst, den „Einen". Das Wundervolle daran ist, dass ich mich durch jedwedes Problem hindurcharbeiten kann, inklusive der Einsamkeit, mit diesem lebenslangen Kameraden an meiner Seite. Dieser hatte mich bereits auf die Zukunft vorbereitet, für die wahre Liebe, die ich schließlich fand. Aber wäre ich in diesem Zustand stecken geblieben, in welchem ich mich mit dem Traumprinzen befand, hätten mir eine Tonne von ungelösten Problemen, ein Berg voller Ängste und eine Ladung voller Unsicherheiten den Weg zu wahrer Liebe blockiert. Ohne mich selbst zu erforschen, wäre ich wahrscheinlich in einer ähnlichen Beziehung gelandet wie der vorigen. Solange wir Gepäck mit uns herumtragen, treffen wir jemanden, der genau darauf anspringt. Und so verändern wir uns und wachsen durch sanfte, ehrliche Selbsterforschung und bereiten uns darauf vor, was dann kommt.
Mich selbst in der Tiefe zu erforschen, also alles, was meinen Geist und meine Seele betrifft, half mir, mich als das zu erkennen, was ich wirklich bin. Und nicht mehr als der Klon, der ich war. Von nun an waren meine Minuten allein gefüllt mit Selbstreflexion, je besser ich diese neue Inkarnation von mir kennenlernte. Ich begann, die Auswirkungen meines Liebeskummers als großen Lehrmeister zu erkennen. Ja, jede Hürde

lässt uns weiser werden. Aus diesem Blickwinkel erkannte ich, dass ich niemanden außerhalb meiner eigenen Handlungen zur Verantwortung ziehen konnte. Anstatt mich weiterhin als Opfer zu sehen, konzentrierte ich mich nun darauf, was ich selbst zu dieser Situation beigetragen hatte. Der Traumprinz und seine Taten lagen nicht in meiner Kontrolle und so fokussierte ich mich nur noch auf mich.
Er hat mich nicht zu irgendetwas gezwungen. Ich habe mich gezwungen und ich schuldete es mir auch selbst, Verantwortung für meine Taten, meine Vergangenheit und Zukunft zu übernehmen und von dort aus zu wachsen. Ich hinterfragte, warum ich mich überhaupt dazu genötigt fühlte, Dinge vorzutäuschen, um in seine Welt zu passen. Das ließ mich in meinem früheren Zustand nicht gut aussehen. Aber was sagte das über ihn aus? Es zeigte, dass er sich selbst ebenso einer tieferen Betrachtung hätte hinterziehen müssen. So wie wir alle. Einer Betrachtung darüber, wer er wirklich war und wie er mit den Menschen in seinem Leben umging.
Kaum zu glauben, dass ich mich früher so herabwürdigte, ohne jeden Anschein von Selbstwertgefühl oder Selbstliebe, während mich andere als einen exzellenten, potenziellen Partner sahen. Ich begann mich als jemanden zu sehen, der sehr wohl der Liebe, Zeit, Beachtung, Treue und des Respektes wert war. Was für eine wunderbare Erkenntnis. Das Problem ist niemals wirklich die jeweilige Person, sondern das fehlende Bewusstsein darüber, was wir uns selbst antun. Unser Partner kann unsere Knöpfe drücken, aber es liegt an uns, wie wir darauf reagieren.
Was mir ebenso half, war es, mich an mein Kindheits-Ich zu erinnern. Ich war vollkommen zufrieden als kleines Mädchen, als ich Zeit mit mir verbrachte. Ich liebte es, in der Abenddämmerung ganz allein den Pfad hinter unserem Haus entlangzugehen, während ich mit Kopfhörern meine Lieblingsmusik hörte. Auch wenn ich meine Bücher las, war ich trotz der Melancholie, weil ich mich so nach Liebe sehnte, mit mir selbst in bester Gesellschaft. In diesen sorglosen Tagen gab es den Traumprinzen noch nicht in meinem Leben und so konnte er auch nicht

für mein Leben und meine Fähigkeit, Glück zu empfinden, verantwortlich sein. Nicht wahr?
Dieser Gedanke war ein weiterer Schritt nach vorn. Was ist mit diesem Mädchen geschehen? Würde ich es wiederfinden können? Vielleicht konnte ich mich irgendwie wieder mit dieser alten Version von mir verbinden?
Denn dann, so hoffte ich, würde ich zu einem glücklicheren, gefestigten und unabhängigen Menschen werden, der nicht mehr bei einem Partner nach Zeit und Aufmerksamkeit bettelt, welchem alles egal ist. Kurz gesagt, begann ich zu glauben, dass ich letztlich selbstständig werden würde und zu dem Ich werden konnte, dass ich immer schon bestimmt war zu sein.

Obwohl ich so schrecklich zu mir selbst war, ich meinen Körper und meinen Geist verletzte … war Ich noch da. Mein Körper und meine Seele hatten mich nicht aufgegeben. Mich, mein Ich, das ich nun erforschte, mein Ich, das ich gern kennenlernen wollte.

Obwohl ich so schrecklich zu mir selbst war, ich meinen Körper und meinen Geist verletzte … war Ich noch da. Mein Körper und meine Seele hatten mich nicht aufgegeben. Mich, mein Ich, das ich nun erforschte, mein Ich, das ich gern kennenlernen wollte. Nein, ich würde nicht aufgeben, und wie nett war das von mir? Ich war froh über diesen Gedanken und begann, meinen Wert zu erkennen. Immerhin, für mich musste ich gar nichts verändern oder irgendetwas vortäuschen. Ich begann damit, mich um mich selbst zu kümmern, ohne irgendetwas von dem zu verurteilen, was ich vorher als Makel betrachtet hatte.
Es gibt immer wieder Ereignisse, die wir hätten anders erleben wollen. Tatsächlich gibt es Ereignisse, die wir überhaupt

nicht hätten erleben wollen. Aber sie sind vergangen und wir würden es nicht wieder tun. Wir mussten erleben, was wir erlebten, und aushalten, was wir ausgehalten haben und es überwinden. Dadurch erhalten wir eine neue Perspektive. Oft fällt es uns schwer, mit unserer eigenen Schuld zu leben. Dinge die wir taten, Worte die wir sprachen. Wenn wir heute anders handeln würden und erkennen, dass wir nicht mehr der Mensch sind der wir waren, gilt es, Frieden mit dem Erlebten zu machen. Es war diese alte Version von uns, welche uns in die heutige Erkenntnis gebracht hat.

Es kam der Tag, an dem ich gerne mit mir selbst Zeit verbringen wollte. Es kam ein weiterer Tag und ich erkannte, dass ich perfekt bin, so wie ich bin. Das waren große Momente! Ich denke, es half, dass ich mich nicht mehr ablenken ließ von Dingen, die vorher meine Aufmerksamkeit gestohlen hatten (Fernsehen, soziale Medien usw.). Ich erlaubte der Welt nicht mehr, mich von mir selbst fortzureißen. Ich wandte mich nach innen, suchte das Alleinsein, suchte nach Antworten und erforschte weiterhin mich selbst.

Mir wurde inzwischen klar, dass der Liebeskummer für uns wichtig ist, um offener für solche Erkenntnisse zu werden. Zum Beispiel fühlen wir gar nicht die Notwendigkeit, uns so zu ergründen, wenn unser Leben vermeintlich ganz gut läuft.

Wenn alles okay ist, beschweren sich die Leute vielleicht über kleinere Probleme, zum Beispiel über das Wetter, ein zu geringes Gehalt oder was auch immer. Sie suchen nicht wirklich nach Antworten. Sie suchen eigentlich nur nach Mitleid und einer Schulter zum Anlehnen und um alles einmal herauszulassen.

In einer wahren Krise jedoch suchen wir nach Antworten, manchmal voller Verzweiflung. Anders gesagt, suchen wir nicht nach tieferen Antworten oder trachten danach, uns selbst zu ändern, bis wir den Weckruf erhalten. Erst als mein Herz gebrochen war und ich mich in einer unerträglichen Situation befand, war ich offen dafür, Antworten zu erhalten. Erst dann begrüßte ich die Lehren, die mich aus der Krise emporhoben.

Dort ist der Wandel. Selbst wenn wir isoliert sind, fühlen wir uns nicht mehr allein, denn wir machen Bekanntschaft mit uns

selbst. Wir entdecken, was das auf mentaler, physischer und spiritueller Ebene bedeutet, besonders auf spiritueller Ebene. Die Schritte, die wir gehen, sind Arbeit an und mit der eigenen Seele. Mehr dazu später.
Mit dem Wissen von heute würde ich es nicht wieder tun. Ich hätte nicht den Traumprinzen als Objekt meiner Begierde gewählt. Jetzt, da ich wusste, was diese Beziehung war und was sie nicht war. Nicht, dass ich je das Gefühl hatte, eine Wahl gehabt zu haben. Die Dinge passierten einfach und ich fühlte mich ganz in ihrem Griff. Der Traumprinz war kein Partner, Liebhaber oder Freund. Er war ein Idol. Für alle Absichten und Vorhaben vergötterte ich ihn. Rückblickend war ich einsam, auch mit diesem falschen Gott in meinem Leben. Während der Beziehung erkannte ich, dass ich mich trotzdem leer fühlte, immer noch allein, auch in seiner Anwesenheit.
Abgesehen von ein oder zwei Fotos habe ich nichts aus dieser Zeit aufbewahrt, da es nichts gab, woran ich festhalten wollte. Warum Erinnerungen an eine Zeit des Leidens aufbewahren? Stattdessen sah ich das Leben durch eine neue Linse, alles dank des Leidens, das ich erlebte.

Jede Art von Trauma (inklusive Einsamkeit) kann uns dazu bringen, einem früheren Zustand zu entwachsen. Ohne das traumatische Ereignis wären wir nicht in dem Zustand der Erkenntnis, in dem wir uns heute befinden.

Jede Art von Trauma (inklusive Einsamkeit) kann uns dazu bringen, einem früheren Zustand zu entwachsen.
Ohne das traumatische Ereignis wären wir nicht in dem Zustand der Erkenntnis, in dem wir uns heute befinden. Trauma und Schmerz machen uns mitfühlender. Sie machen uns achtsamer und verhelfen uns dazu, eher unseren Träumen und Passionen

zu folgen. Sie bringen Tiefe in unsere Erfahrung und ein Gefühl von Dankbarkeit! So viele Menschen können rückblickend erkennen, was sich alles nach ihrem Leid, ihrem Verlust, ihrer Depression, ihrer Isolation und sonstigen Hindernissen, die es zu überwinden galt, verändert hat. Und sie realisieren all die guten Dinge, die sich daraus ergeben haben.

Ganz so, wie sich die Natur zu neuem, üppigem Leben nach einem Waldbrand entwickelt. Es gibt uns Anschub, um das zu tun, was wir tun wollen, und lässt uns über unsere Grenzen hinauswachsen. Kurz gesagt: Verlassen wir unsere Komfortzone! Wenn wir in der Lage sind, dies zu verstehen, wenn wir die Muster erkennen und den darunterliegenden Segen, können wir das Leid als den Teil unseres Lebens erkennen, der uns dazu verhalf in das Bewusstsein und die Erkenntnis von heute zu kommen. Das Leid ist somit auch die Heilung für das Leid. Das Überwinden der Einsamkeit bedeutet, dass wir uns nicht mehr an Menschen oder Ereignisse aus der Vergangenheit klammern. Heute bin ich nicht mehr die Frau von damals, die alle Orientierung verloren hatte. Stattdessen fühle ich mich zentriert und stark, was mir erlaubt, auch anderen eine Quelle des Trostes zu sein. Ich habe großes Mitgefühl für jeden, dem einmal das Herz gebrochen ist, da ich es selbst erlitten habe. Ich erkenne sein Leid und seine Einsamkeit wieder mit all den verworrenen Gefühlen, die dieser Zustand mit sich bringt. Ich kann anderen helfen, weil ich mir selbst geholfen habe.

Stelle es dir mal so vor: Wenn du in den Spiegel schaust, wen siehst du dort? Dort ist dein bester Freund, der dich zurück anschaut! Ist das nicht ein wundervoller Gedanke? Ist es nicht wunderbar zu erkennen, dass wir niemals wirklich alleine sind? Wir können uns nach innen wenden und dort die allerbeste Gesellschaft finden und einen „Freund für immer“. Ich erkannte, dass es mir Spaß machte, allein zu reisen. Im Alleinsein auf einer Reise habe ich die Möglichkeit, aus dem alltäglichen Labyrinth der Gedanken, Routinen, Verbindungen und Erwartungen auszusteigen.

Aussteigen, um nur zu sein. Kein Wunder, dass einige Menschen regelrecht abhängig vom Reisen werden und dem Gefühl

„einfach zu sein" regelrecht hinterherjagen. Wenn wir im Inneren unser eigener bester Freund sind, können sich unsere äußeren Abenteuer im Leben, unser Bild von Menschen, Orten und Kulturen verändern. Die Freundlichkeit und Hilfsbereitschaft völlig Fremder sind erstaunlich. Es entfacht das Wiedererkennen unserer Verbindung mit der gesamten Menschheit. Wundervolle Dinge geschehen, wenn wir unseren Geist öffnen und das in die Arme schließen, was am allerwichtigsten ist: unsere eigene Seelenreise, die so eng mit allen anderen verflochten ist. Wir können entdecken, wie anders die Welt ist, als es die Medien uns glauben machen wollen. Wenn wir davon überzeugt sind, die Welt sei schlecht, wird sich das in unserer Erfahrung zeigen. Aber wenn wir mit Liebe und Glücklichsein erfüllt sind und dies in unseren täglichen Alltag einfließen lassen, können die anderen gar nicht anders, als zu uns zurückzulächeln. Was immer man aussendet, kommt wieder zurück, ein wundervoller Dominoeffekt.
Vielleicht hast du das Gefühl, beim Lesen dieser Seiten noch etwas tiefer in die Thematik eintauchen zu wollen. Alles hat mit dem inneren Selbst zu tun, unserem spirituellen Selbst, dem ich im folgenden Kapitel tiefer auf den Grund gehe.

KAPITEL 8

Leb wohl, Samantha

Religion legt dir nahe, von der Erfahrung anderer zu lernen. Spiritualität fordert dich auf, deine eigene zu suchen.
~ Neale Donald Walsch[10]

Was ich an dieser Reise am meisten schätze, sind all die sich überschneidenden und miteinander verwobenen Erfahrungen, jede eingewebt in ein sich stets weiterentwickelndes Geflecht. Jede Erfahrung, jede Erkenntnis baut aufeinander auf – selbst heute noch. Alle sich wiederholenden Themen sind Stränge, die den Aufbauprozess reflektieren. Und so geht meine Geschichte weiter, da ich das, „was war", verabschiedet habe und das willkommen heiße, „was ist". Obwohl ich als Ost-Londoner noch immer finanzielle Probleme hatte, schien meine Existenz ansonsten geordnet. Ich kam wieder in den Schwung des Lebens nach all der Angst, dem Leid, der Depression und Einsamkeit, die ich verarbeitet hatte. Zum Glück haben auch meine Kinder diese Zeit gut überstanden. Wichtig war, ihre Mama war zurück, eine Mama, die wieder lächeln konnte. So vieles habe ich überwunden und ich freute mich auf das, was vor mir lag.

Wie bin ich in diesen Zustand der Zufriedenheit gelangt? Die einfache Antwort darauf lautet: Ich bin aufgewacht.

Wie bin ich in diesen Zustand der Zufriedenheit gelangt? Die einfache Antwort darauf lautet: Ich bin aufgewacht. Ich habe in diesem Buch immer wieder Worte wie „Arbeit an der Seele“, „Selbstergründung“ und „Lebenslehren“ erwähnt ohne tiefere Erläuterung. Es schien mir am besten, mich nur ganz vorsichtig an das tiefgreifendste Thema heranzutasten, nämlich unsere spirituelle Verbindung mit Gott.

Du hast den Spruch gehört: „Sprich nie über Politik oder Religion.“ Das scheint ein sinnvoller Rat zu sein. Es sei denn, dass die Person, mit der du dich unterhältst, mit dem, worum es geht, vollständig im Einklang ist. Der Telekommunikationsverkäufer, den ich zuvor erwähnte, ist ein Beispiel dafür, aber nicht jeder fühlt sich wohl mit diesem Thema – manchmal ganz und gar nicht. Darum ziehe ich es vor, hier von Spiritualität zu sprechen, nicht von Religion, Konfessionen oder formalen Glaubensbekenntnissen.

Religion *kann* ein Werkzeug sein, um uns für unsere eigene Spiritualität zu öffnen. Aber Worte können leicht fehlinterpretiert werden und ihr eigentlicher Sinn bleibt verborgen. Selbst das Wort „Spiritualität“ kann von manchen als kontrovers betrachtet werden. Erlaube mir, dies näher zu erläutern. Wenn einige Menschen das Wort „spirituell“ hören, denken sie dabei vielleicht an Professor Trelawney aus dem Buch „Harry Potter und der Gefangene von Askaban“. Für andere wiederum geht es tiefer als das, um etwas, wonach es uns dürstet, um etwas Lebensnotwendiges, etwas, das an unseren Kern gebunden ist. Wahrscheinlich sucht die Menschheit seit Anbeginn der Zeit in den Himmeln und beim Erforschen der Elemente nach diesem Spirituellen“. Es geht um Neugier, ja, aber viel wichtiger, um unsere Verbindung zu anderen im Universum und den Antworten, die in uns selbst verborgen sind.

Die Menschen, die schon bewusst auf ihrer spirituellen Reise sind, werden sich nicht an dem Wort „Spiritualität“ stören. Wenn *ich* das Wort „Spiritualität“ verwende, meine ich damit die Vertiefung des Bewusstseins, die tiefgründige Wahrheit über uns selbst und die Erforschung dessen, was das eigentlich bedeutet. Es gibt eine Sehnsucht danach, unser spirituelles, geistiges Selbst zu verstehen; einen Ruf, ein inneres Verlangen, das uns sagt, dass es mehr über unsere eigene Existenz herauszufinden

gibt. Dies trifft besonders nach einer schmerzvollen Erfahrung zu und darum geht es auch in diesem Buch.
Warum und wie habe ich Gott gefunden? Ich war nie religiös, aber wenn Gott diese Welt geschaffen hat, dachte ich mir, müsste „ER“ derjenige sein, an den ich mich mit den ernsten Fragen des Lebens wenden kann. Damals, als ich mich in meinem tiefsten, dunkelsten Leid befand und mich durch meinen Liebesschmerz arbeitete, dachte ich mir, „ER“ müsste derjenige sein, der wusste, was nun zu tun war. Gott war meine letzte Instanz. Ich entschied mich zu beten oder besser gesagt, mich zu beschweren, und erzählte Gott, wie unfair ich das alles fand. „Wie unfair war es, dass ich mich jetzt in so einer Krise befand, wo ich doch einfach nur Liebe wollte!“

Es war eine tiefe Erkenntnis, als ich meine Verbindung damit, wer und was Gott eigentlich ist, realisierte.

Ich wusste, dass Gott weder männlich noch weiblich war. Trotzdem sprach ich aus Gewohnheit einfach von „Ihm“. Da ich es damals nicht besser wusste, bestand mein Verständnis von Gott aus dem von der Gesellschaft vermittelten Bild, etwas, das man von Jugend an lernt.
Darum war ich mehr als überrascht, dass Gott mit diesem Bild überhaupt nichts gemeinsam hat. Jede vorgefasste Idee von Gott als einem graubärtigen Supermenschen, der im Himmel sitzt und uns verurteilt, verschwand. Es war eine tiefe Erkenntnis, als ich meine Verbindung damit, wer und was Gott eigentlich ist, realisierte.
Ich musste aus keinem Gebetsbuch vorlesen oder auswendig gelernte Passagen wiederholen, um zu beten. Es gab keine Rituale. Nur Worte von meinen Lippen in Gottes Ohr. Wenn ich den Bann der Depression verspürte oder einen Tsunami der Einsamkeit, betete ich. Wenn ich fühlte, dass ich alles aufgeben wollte, betete ich. Ich betete und betete und das half mir dabei,

nicht das Handtuch zu werfen. Als es mir am allerschlimmsten ging, redete ich mit Gott ohne Unterlass. Ich hatte das Gefühl, meinen Kopf, meinen Verstand dabei gründlich aufzuräumen, welcher sich zuvor in solch einer Unordnung befand. Es tat gut, abends einzuschlafen, ohne ein großes Chaos im Kopf zu haben. Die ständige Negativität war verschwunden, nichts lauerte mehr, das mich unwohl fühlen ließ. Es fühlte sich gut an, in diesen persönlichen Gebeten alles herauszulassen. Es fühlte sich gut an, diese spirituelle Verbindung zu erforschen, die weit darüber hinaus ging, was mir meine Eltern oder verschiedene Pfarrer und Pastoren beigebracht hatten. Diese neue Art zu beten, war etwas, das mich mit dem Universum selbst verband. Und ob du es glaubst oder nicht, dieser Monolog, den ich mit Gott führte, wurde zu einem Dialog. Nicht in dem Sinne, als würde ich zu einer anderen Person sprechen, vielmehr war ich nun in der Lage, seine Antworten in mir selbst zu hören. Er sprach zurück. Plötzlich, seltsam, sanft sagte er: „Du hast die Antworten schon."
Wow! Das hatte ich nicht erwartet. Mein Gebet wurde zu einer Unterhaltung! Ich war mehr als überrascht, als Gott mich nun von innen heraus lenkte. Ich wollte, dass Gott meine Probleme löste und es war mir nicht in den Sinn gekommen, dass die Antworten auf meine Fragen bereits alle im Inneren, in meiner Seele warteten. Gott hat mich – und dich – bereits mit allem ausgerüstet, sodass wir alles, was wir benötigen, auf der Ebene der Seele erreichen können. Und so begann eine neue Reise in Konversation mit Gott, auf der ich alles über mein wahres Ich lernte. Ich konnte sagen: „Leb wohl, Samantha" und ließ die abgenutzte, verwirrte Version meiner selbst hinter mir. Erst dann konnte ich mein neues Ich willkommen heißen, die Samantha, die ich heute bin.

Rumi sagte so tiefgründig:

„Ich suchte nach Gott und ich fand nur mich selbst,
Ich suchte mich selbst und fand nur Gott."

Wie sanft seine Worte fließen und tief in mir auf Resonanz treffen. Gott ist Liebe. Gott ist in unserem Innern und dort hat er die Antworten schon für uns bereit, wenn wir nur in unserem Inneren danach suchen.
Ich möchte betonen, dass erst als ich „Leb wohl" zur alten, gebrochenen Samantha sagte und „Hallo" zu Gott, die Samantha finden konnte, die ich zu sein bestimmt war. Als ich begann dieses Buch zu schreiben, war es nicht meine Absicht, mich übermäßig zum Thema Gott zu äußern. Doch während des Prozesses wurde es so klar, dass Gott wesentlicher Teil meiner Reise und höchstwahrscheinlich ebenso deiner Reise ist; nochmals – nicht der vorgefasste Gott aus der Mainstream-Religion, sondern der Gott des Universums, derjenige, der uns schon mit den Antworten im Innern versehen hat, wenn wir nur danach suchen.

Und nein, es ist nicht verrückt. Wenn du an der Oberfläche kratzt und tiefer blickst, uneingeschränkt von den Geschichten, die man dir erzählt hat, kannst du dort etwas Reicheres, Umfassenderes finden: den Gott in dir.

Und nein, es ist nicht verrückt. Wenn du an der Oberfläche kratzt und tiefer blickst, uneingeschränkt von den Geschichten, die man dir erzählt hat, kannst du dort etwas Reicheres, Umfassenderes finden: den Gott in dir.
Das ist privat und persönlich. Wir brauchen es nicht von den Dächern zu rufen, dass wir nach Gott suchen, dass wir die wahre Liebe suchen und nach der Wahrheit graben. Nein, wir können in unserer eigenen „Me-Time" graben, ohne dass jemand anderes davon weiß. Es geht hier wirklich nur um dich und den Gott, den du suchst. In einem Sprichwort heißt es: Gott schläft im Stein, atmet in der Pflanze, träumt im Tier und erwacht im

Menschen. Großartigerweise haben wir Gottes Wort schon erhalten, die innere Weisheit, und es ist lebensverändernd, sobald wir wissen, wie wir sie bewusst aufrufen können.

Nach all diesen Erkenntnissen fragte ich Gott nach dem, wonach ich mein Leben lang gesucht habe – meiner wahren Liebe. Ich öffnete mein Herz so weit, dass Gott selbst sich darin als meine wahre Liebe zu erkennen geben konnte und ich somit wusste, wie ich mich selbst lieben konnte.
Wenn wir uns mit Gott unterhalten, wie können wir so sicher sein, dass es Gott ist, der uns da antwortet? Meine Kinder stellen mir manchmal diese Frage. So viele Gedanken und Gefühle kommen zum Vorschein (und Antworten und Lösungen ebenfalls), aber welche sind wirklich von Gott? Dann erkläre ich, dass dieses Wissen mit einem Gefühl der Zusicherung kommt, als würde mir eine Last von den Schultern genommen werden. Es ist eine innere Führung, die mit großer Klarheit einhergeht und keinerlei Aspekte von Angst aufweist. Stattdessen fühlt sie sich ermutigend und zusichernd an, begleitet von einem Gefühl von Liebe und Sicherheit.
Wir sprechen hier von einem viel größeren spirituellen Erwachen, als nur in der Lage zu sein, uns von außen betrachten zu können. Dies ist der Weg, um zu sich selbst zu finden – meditierend, kontemplierend, sich nach innen wenden und zuhören. Dies ist authentisches Gebet. Anstatt Gott von meinen Sorgen und Problemen zu erzählen, hörte ich stattdessen hin, was „ER"/„ES" mir zu sagen hatte.
Unser Sehnen kann uns führen und wenn wir dem Ruf der Liebe folgen, können wir endlich Bekanntschaft machen mit dem „Einen" – uns selbst – als die große Liebe, nach der wir schon immer gesucht haben. Ein Geschenk von Gott, vom Universum selbst. Dies mag zunächst widersprüchlich erscheinen, so wie die Worte der Wahrheit oft widersprüchlich erscheinen. Es führt uns zurück zu uns selbst und allem, was wir zu sein bestimmt sind.
Zurück zur unbeschreibbaren Natur des „Einen". Ich konnte beobachten, dass, wenn ich mich auf das Selbst fokussierte,

auf mich selbst, dass mein Sein keinerlei Etiketten besaß. Meine Seele war fern jeder Beschreibung, so wie die Seele für jeden unbeschreibbar ist. Unser Bewusstsein ist unbeschreibbar (obwohl ich mein Bestes versuche, mich hier mit Worten zum Ausdruck zu bringen). Es führt uns auf eine Reise zur Wahrheit und Illumination.
Schritt für Schritt verabschieden wir uns von indoktrinierten Konzepten und verwirrenden Ideen von, na ja, allem.
Ich hatte beispielsweise einen Punkt erreicht, an dem ich diese veralteten gesellschaftlichen Ideen darüber, was Liebe sein soll, nicht mehr annehmen oder akzeptieren konnte. Die Liebe, so wie sie dargestellt wird, ist gebunden an Bedingungen und kann jederzeit erkalten. Wahre Liebe geht weit über den Status quo hinaus. Sie führt nach innen, weit hinter alle Illusion.
Das ist es, was meine Liebesgeschichte war, eine Illusion voller Absurditäten. Und dies stellte sich als gute Neuigkeit heraus, denn Illusionen sind nicht authentisch, genauso wenig wie die Zeit, die ich mit meinem Traumprinzen verbrachte, authentisch war. Bei der Kontemplation und Arbeit durch meinen Selbsterforschungsprozess erfuhr ich, was wahre Authentizität bedeutete. Mir wurde bewusst, dass meine Seele sicher und geborgen war. Ich stellte mir den sicheren Hafen meiner Seele als meinen „Velvetroom", mein „Sammetzimmer" vor. Aus diesem sicheren Raum heraus begann ich klar zu erkennen, was wahre Liebe wirklich war … und was sie nicht war. Zum Beispiel bauen wir unsere Ziele und Idealvorstellungen über eine Beziehung auf sogenannten Liebesmythen auf, während sich uns die wahre Liebe entzieht. Rosenkriege und schmerzvolle Trennungen zeigen uns, dass wir den Kern des Problems noch nicht erkannt haben. Statt in uns selbst suchen wir die Liebe außerhalb von uns.

Je näher wir sind, uns in unsere eigene Seele, unsere eigene Essenz zu verlieben, desto mehr werden wir uns darüber bewusst, was wir an unserem Partner lieben, nämlich seine Essenz, seine Seele.

Je näher wir sind, uns in unsere eigene Seele, unsere eigene Essenz zu verlieben, desto mehr werden wir uns darüber bewusst, was wir an unserem Partner lieben, nämlich seine Essenz, seine Seele. Da die wahre Liebe mit der Liebe Gottes – „der großen Liebe" – verbunden ist und uns zu dem „Einen" führt – uns selbst –, können wir nach dieser Bewusstwerdung eine ganz neue Tiefe in unserer Beziehung leben. Denn nun lieben wir unseren Partner nicht mehr für das, was er (oder sie) zu sein scheint, sondern dafür, wer er (oder sie) wirklich ist.

Wir können die Antworten auf die tiefen Fragen des Lebens finden, wenn wir sie an uns selbst richten, und so können wir zur wundervollen Wahrheit erwachen, dass wir bereits geliebt, heil und ganz in unserer Verbindung mit Gott und der Liebe, dem „Einen", sind. Ja, wir haben die Antworten, wenn wir nur uns selbst fragen.

Ich sollte noch erwähnen, dass, wenn wir den „Einen", uns selbst, lieben und willkommen heißen, das nicht bedeutet, dass wir uns nun keinen Partner mehr wünschen. Wir sind nun aber besser ausgerüstet als Partner, wenn wir uns selbst lieben und schätzen. Wenn wir in uns selbst ruhen, in unserer eigenen Liebe, sind wir darauf vorbereitet, jemanden zu lieben und von ihm geliebt zu werden und derjenige kommt vielleicht in unser Leben, wenn wir es am wenigsten erwarten.

KAPITEL 9

Wir sind genug

Wenn du deine eigene Großartigkeit erkennst, ziehst du nur noch Großartigkeit in dein Leben.
~ Anita Moorjani[11]

Wie wunderbar sich mein Leben nun weiterentwickelte. Ich machte Baby-Schritte und zählte meine Segnungen. Ich hätte mir nicht ausmalen können, dass das Leben so gut, so normal werden würde. Nicht perfekt, denn das Leben ist nie perfekt nach menschlicher Definition, aber ein Sinn von Normalität kehrte ein. Tatsächlich war es sogar besser als normal, denn ich bin zur Wahrheit erwacht – *Ich bin Liebe. Ich bin Licht. Ich kann mich auf mich selbst verlassen.* Das war „Blockbuster"-gigantisch! Ja, du kannst dich auch auf dich verlassen! Stell dir nur vor, was aus der Welt werden würde, wenn jeder erkennt, dass wir Liebe sind. Die Essenz der Liebe und dass wir schon ganz und komplett in uns selbst sind. Während der Arbeit an diesem Buch fiel mir auf, wie oft das Wort „Liebe" doch in unserem täglichen Gebrauch ist. Ich stolperte über einen Billboard.com-Artikel mit dem Namen „Hier ist jeder Song mit dem Wort *Liebe* im Titel, der unter die Top 100 dieses Jahrhunderts fiel."[12] Er wurde am Valentinstag 2019 verfasst und listet 365 Lieder und eine Spotify-Liste auf. Ich denke, dies unterstreicht wieder meinen Standpunkt, dass wir umgeben, überflutet und manchmal überfordert sind mit allen möglichen Vorstellungen von Liebe. Warum? Weil es das ist, was wirklich von Bedeutung ist und was oberflächlich betrachtet so schwer zu fassen sein kann. Dieses große Streben nach Liebe durchzieht die Welt … mit verlorenen und einsamen Menschen auf der Suche nach etwas, das sie noch nicht verstehen. Liebe ist genau das, was uns am meisten interessiert und was wir am meisten brauchen – dieser starke

Drang zu lieben und geliebt zu werden, jedoch nicht (wie ich herausfand) im traditionellen Sinne, welcher oft an Bedingungen geknüpft ist. Hätte ich nur vorher gewusst, dass die wahre Liebe zu mir selbst der Schlüssel war, hätte ich so viele Abgründe vermeiden und mir so viel Leid ersparen können.

Darum unterstreiche ich noch mal: „Wir sind genug." Die Liebe, die du für dich selbst hast, und die Liebe, die ich für mich selbst habe, ist absolut fundamental für unser mentales und emotionales Wohlergehen, und wir brauchen nicht irgendwo anders nach Erfüllung suchen.

Darum unterstreiche ich noch mal: „Wir sind genug." Die Liebe, die du für dich selbst hast, und die Liebe, die ich für mich selbst habe, ist absolut fundamental für unser mentales und emotionales Wohlergehen, und wir brauchen nicht irgendwo anders nach Erfüllung suchen. Wir sind genug, und von diesem Sprungbrett verbinden wir uns mit anderen. Wie wundersam, dass, wenn wir uns selbst lieben und die Essenz dessen, was wir sind, unsere spirituelle Klarheit explosionsartig wächst.

Den Himmeln sei Dank für das spirituelle Erwachen, denn es setzt alles in die richtige Perspektive. Der Zustand, in dem ich jetzt existiere, ist Lichtjahre entfernt von den dunklen Tagen, an denen ich mein Leben beenden wollte. Ich glaube, es lohnt sich, das Thema nochmals anzuschauen. Vor allem für diejenigen, die noch so tief in ihrem Unglücklichsein gefangen sind, dass sie erwägen, alles zu beenden. Die gute Nachricht ist, dass diese negativen Gedanken flüchtig sind und verschwinden, sobald die Bedürfnisse unserer Seele erfüllt sind.

Hier beginnt das „große Aufräumen" meines Verstandes, welches einen massiven Wendepunkt darstellte. Dazu muss ich zurück zu meinem Verhalten kommen, das aus einem Mangel an Selbstliebe herrührte (nicht aus einem Mangel an Liebe für den Traumprinzen). Das Problem fand in meinem *Bewusstsein* statt. Es war nicht mein Körper, der die Probleme verursachte (Übelkeit, Erschöpfung und ein Gefühl des Überfordertsein). Es war in meinem *Bewusstsein* angesiedelt. Es fühlte sich alles andere als richtig an, in Elend und Irritation zu leben. Darum wusste ich tief im Inneren, dass der Tod keine Lösung war, denn es gab (und gibt) eine große Wahrscheinlichkeit, dass mein Bewusstsein bestehen bleibt.

Somit hatte ich ein „Bewusstseins-Problem", egal für welchen Zustand ich mich entschied, tot oder lebendig.

Ich musste mein Bewusstsein erschließen, den „Ort", an dem ich lebe, um genau erkennen zu können, was es war, weshalb ich mich „dort" nicht wohlfühlte. Ich musste beherzt hinschauen, um herauszufinden, was mir dort nicht gefiel.

Aus meinem Bewusstsein heraus, dem „Ort", an dem ich existiere, war ich bereit, die Störung (oder was auch immer es war) zu erkunden und ihr direkt „ins Gesicht" zu blicken.

Dieses „Aufräumen" fand über mehrere Wochen hinweg statt. Und je mehr ich dieses Unbehagen ansah, desto weniger konnte ich es finden, denn meine Gedanken wurden still. Warum? Weil ich nicht länger das Biest fütterte.

Ich nahm mir Auszeiten von der hektischen Welt (Fernsehen, Radio, soziale Medien und anderes Drama) und zog mich von allen Ablenkungen zurück. Stattdessen widmete ich meine Aufmerksamkeit dem, was sich in meinem Bewusstsein abspielte, und je mehr ich das tat, desto mehr verschwanden meine Probleme. Wenn ich nicht obsessiv war, was meine Vergangenheit, Gegenwart oder Zukunft betraf, waren meine Probleme auch nicht da. Nur ich war da.

Für eine Weile jedoch konnte ich noch die physischen Aspekte und unangenehmen Symptome, verursacht durch mein früheres Leiden, spüren. Ruhelosigkeit, Druck in der Herzgegend, Herzrasen, das schreckliche Gefühl, verfolgt zu werden und Stress im Körper. Aber je weiter ich fortschritt auf dem Weg der Selbsterkundung, wurden das physische wie auch das emotionale Leiden

immer weniger, bis sie schließlich verschwanden. Beides waren Faktoren, die mich dazu brachten, näher hinzusehen. Sie zeigten mir an, dass etwas nicht im Einklang, nicht im Fluss war. Dieses Leiden war mein Fingerzeig, mein Lehrer, und es half mir dabei, mir meiner Selbst mehr gewahr zu werden.
Außerdem begann ich einer neuen Routine zu folgen, die mir dabei half, aus dem Kreislauf des Leidens auszusteigen. Ich kann nicht genug Gutes darüber sagen, wie hilfreich es ist, einen Rhythmus aufzubauen, der auf Positivem statt Negativem aufgebaut ist. Als Erstes fuhr ich damit fort, mir weiterhin kleine Nettigkeiten zuzugestehen, wie kurze Nickerchen, einfache Wohlfühlrituale und das Zulassen meiner Allein-Zeit, die ich so dringend brauchte. Ich tat mein Bestes, um das Essen zu genießen, von dem ich das Gefühl hatte, es würde mir wohltun. An dem Tag als mich der Traumprinz endgültig verließ, begann ich ein Videotagebuch zu führen. Das half mir dabei, einen gewissen Abstand zu den Geschehnissen zu entwickeln und wurde zur Gewohnheit, die ich auch während meiner Heilung beibehielt. Als ich mich aus dieser Perspektive beobachtete, begann ich Mitleid mit diesem Mädchen auf der Suche nach Liebe zu haben. Ich dachte mir, *wie großartig musste es sein, so sehr geliebt zu werden, so ehrlich und tief und von ganzem Herzen.* Ich realisierte, als ich mich durch die Linse der Kamera sah, dass ich mich so schon die ganze Zeit über fühlte. Als würde alles um mich herum passieren, inklusive meiner eigenen Worte und Taten.
Ich fühlte, dass etwas in meinem Inneren von all dem unberührt blieb. Ich sah einfach nur zu, wie all diese Dinge passierten. Dieser Teil von mir, so erkannte ich, war von allem Tumult unberührt, welcher in meinem Leben stattfand. Tief in meinem Inneren schaute ich nur zu, gerade so, wie ich mir durch die Kamera selbst zusah.
Dies war der Wendepunkt, an dem ich mein ganzes Leben – alles – aus einer anderen Perspektive sah.

Selbstbeobachtung wurde zu einem hervorragenden Werkzeug, welches mir half, auch dem restlichen negativen Verhalten auf die Spur zu kommen.

Selbstbeobachtung wurde zu einem hervorragenden Werkzeug, welches mir half, auch dem restlichen negativen Verhalten auf die Spur zu kommen. Es hilft, uns von der Vergangenheit zu lösen. Ich hielt nicht länger an Dingen fest, die nicht zu mir gehörten, aber ich liebte mich selbst, akzeptierte mich selbst und erinnerte mich daran, was ich schon wusste. Dieses Selbststudium bestätigte, dass wir im Inneren schon die Wahrheit kennen, trotz der Einflüsse und Geschehnisse in unserer Kindheit und im Erwachsenenalter. Es geht darum, die Schichten abzulegen und wieder zu entdecken, was bereits die ganze Zeit im Inneren war. Hier beginnt das große Ent-Lernen, das Ent-Hüllen.
Ich habe zuvor erwähnt, dass das eigentliche Selbst bereits perfekt ist. Es braucht nichts. Ich muss nirgendwo hingehen, um Liebe zu erfahren, denn ich habe sie bereits in mir. Ich muss auch nirgendwo hingehen, um die Wahrheit zu finden, denn auch die habe ich schon in mir. Sie war immer schon dort, unberührt, bis ich es besser wusste. Als ich sie dann berührte, konnte ich die Liebe im Inneren spüren. Ich erkannte und wertschätzte sie. Und ja, ich fühlte sie, als ich zu Gott im Gebet sprach, im Inneren. Wir wenden uns ganz natürlich nach innen, denn das ist der „Ort“, an dem Gott zu finden ist, wo die Liebe zu finden ist. Die alten Lehrer weisen darauf hin, dass die schwerste Form des Lernens das Ent-Lernen ist. Das ist wahr. Was die Gesellschaft uns gelehrt hat, ist ungesund für unseren Geist. All die Jahre der Manipulation, der Beeinflussung, gerade da wir solche „Gewohnheitstiere“ sind. Alles dreht sich ums Lernen und darum, immer besser und besser zu sein.

So beginnen wir nun zu ent-lernen und fühlen die Wahrheit, obwohl wir von Menschen umgeben sind, die noch immer in alten Gewohnheiten und Verhaltensmustern stecken. Wie überwinden wir das? Nun, da wir es besser wissen, steigen wir hinaus über die negativen Denkmuster derer, die noch nicht erwacht sind. Wir realisieren, dass wir bereits stark geboren sind und immer schon das waren, was wir uns wünschten zu sein, was wir versuchen zu sein, was wir bestimmt sind zu sein.

Wir sind spirituelle Wesen und waren es immer schon. Unabhängig davon, dass dies inzwischen fast aus uns herauskonditioniert wurde!

Wir sind spirituelle Wesen und waren es immer schon. Unabhängig davon, dass dies inzwischen fast aus uns herauskonditioniert wurde! Also geht es nicht darum, etwas zu lernen – es geht darum zu ent-lernen, zu ent-wirken, sich zu befreien, loszulassen. Ein Loslassen von allem, was du *nicht* bist.

Es geht also nicht darum, etwas zu sein, es geht darum zu werden, was du bereits bist. Ausgerüstet, weise, gesegnet, erfüllt. Ja, unter all dem Schleier sind wir bereits stark und sogar noch stärker, wenn wir alles loslassen, was uns zurückhält. Erinnerst du dich an das Aufräum-Kapitel, in welchem es darum geht, unser inneres Selbst in Ordnung zu bringen?

Es erinnert an die „KonMariMethode" des radikalen Entrümpelns unseres physischen Heimes oder Büros. Heutzutage räumen wir nicht mehr einfach nur auf und sortieren das Gerümpel aus, das wir nicht mehr benötigen. Wir machen es umgekehrt und behalten, was wir brauchen, und entsorgen den ganzen Rest. Auf diese Weise entledigen wir uns des umliegenden Krempels. Wenn sich emotionaler Müll einschleicht, ziehe ich mich in mich zurück und das Entrümpeln erfolgt ganz natürlich. Worte, die von unserer Bewusstheit ablenken – entrümpelt! Die alten Konzepte, welche unsere neue Achtsamkeit bedrohen – entrümpelt!

Manchmal ist es extrem hilfreich, einfach raus in die Natur zu gehen, in einen Park oder Wald und Stille zu suchen. Ist es nicht wundervoll, ganz in die Natur zu versinken? Die frische Luft einzuatmen, hilft uns, unseren Geist ruhig werden zu lassen. Mir Zeit für mich, meine Gefühle und meinen Gemütszustand zu nehmen, bedeutet, dass ich bewusst darin investiere, negative Dissonanzen und Ablenkungen in Ordnung zu bringen. Ich komme in einen Zustand der Achtsamkeit, und das stellt eine Investition in meine emotionale und geistige Gesundheit dar.

Wenn ich sage, wir müssen zu den Wurzeln gelangen, meine ich damit die Wurzeln von allem.
Die Wurzeln dessen, wer wir sind, die Wurzeln davon, was dieses Leben ist, dessen, was wir mit unseren Sinnen erleben und den Wurzeln einer Krankheit.

Stell dir beispielsweise den Irrgarten unserer Fehlinterpretationen darüber vor, wie wir diese Welt sehen. Dieser Irrgarten beruht auf Annahmen darüber, was alles ist. Aber wir kennen die Wurzel nicht. Wie sollen wir etwas wirklich verstehen, realisieren oder heilen, wenn wir die Wurzel nicht kennen?
Wenn wir draußen in der Natur sind und unsere Sinne still werden, fühlen wir uns so wohl, so verbunden, denn wir sind weniger von uns abgelenkt. Wir vermischen uns sozusagen mit der Natur, werden eins mit ihr.
Ignoriere ich einfach Missstände oder weiche Problemen aus? Absolut nicht.
Was ich tatsächlich tue, ist meine Probleme in die richtige Perspektive zu rücken.
Auf diese Weise kommen die Antworten tief aus dem Inneren, aus der umgebenden Natur und durch die Ruhe meiner Seele und meines Körpers. Stück für Stück schmälern sich alle „gigantischen Probleme“, bis sie schließlich ganz verschwinden. Nicht mit einem Mal, aber mit jedem Tag werden es weniger. Die Dinge werden schrittweise besser, wenn wir uns ununterbrochen unserer selbst bewusst sind und uns auf die Stimme im Inneren fokussieren, die uns leitet. Unser innerer Kompass führt

uns sachte mit Ideen, die aus der Stille aufsteigen, und mit positiven Gefühlen über bevorstehende Veränderungen. Wenn wir unserer Seele erlauben, uns zu führen, geben wir jegliche Absicht auf, alles mit unserem Verstand kontrollieren zu wollen. Diese innere Stimme ist mein Retter, heute und jeden Tag und in jedem gegebenen Moment. Ich fokussiere mich auf die Tiefen meines Bewusstseins und höre auf das, was im Inneren ist. Dies ist der „Ort", von welchem unsere Inspirationen kommen *„Ich sollte dies tun"* mit einem Gefühl der Bestätigung. Es ist nicht die Angststimme aus dem Kopf. Es ist die Stimme der Liebe; die Stimme, die ermutigende Anregungen bringt, mitgeteilt durch tiefe Weisheit und Einsicht. Jeden Tag vertraue ich dieser Stimme, mich zu führen und sie enthüllt mir ihre Weisheit. Sie wurde zu meinem Kompass in jeder Situation. Diese Routine verankerte sich schließlich und sorgt dafür, dass ich voll funktionstüchtig bin, vollständig genießen und mich ganz und bedeutungsvoll mit anderen verbinden kann. Wie viel mehr Beweis braucht es, dass „wir genug sind"? Wir sind göttlich vernetzt, um mehr als genug zu sein. Wahrlich, was für ein Segen!

KAPITEL 10

Vergebung

Egal wie lang eine Reise zu sein scheint,
es gibt nie mehr als dies:
ein Schritt, ein Atemzug, ein Moment … Jetzt.
~ Eckhart Tolle[13]

Im vorigen Kapitel erwähnte ich das „große Aufräumen" – den Wendepunkt –, welcher ein neues Verständnis einläutet. Sehr, sehr sachte finden wir den Übergang zu den Schätzen und der Liebe im Inneren. Kaum zu glauben, dass dieser Wendepunkt all dem Herzschmerz entspringt, den wir erlitten haben. Alle Angst, emotionale Tortur, Verzweiflung und dunkle Gedanken führen uns zum jetzigen Moment des Wohlergehens und schließlich dazu, heimzukommen, heim zu uns selbst.

Dies ist, was Rumi meinte, als er diese tiefen Wahrheiten teilte: „Du musst dein Herz brechen, bis es sich öffnet. Dort tritt das Licht ein."

„Diese Schmerzen, die du fühlst, sind Boten, höre ihnen zu."

Ist es nicht interessant, dass wir erst zerbrechen müssen, um wieder ganz zu sein? Wenn du dir das Design meines Buches anschaust, siehst du ein gebrochenes Gefäß, das wieder geflickt wurde. Doch statt mit Kleber wurden die Risse mit Gold gefüllt. Im japanischen Kunsthandwerk nennt man dies die *kintsugi*-Methode, bei welcher pulverisiertes Gold, Silber und Platin verwendet werden, um Töpferwaren zu reparieren.

Die Säume sind nicht versteckt, stattdessen sind sie ganz bewusst sichtbar gemacht worden. Jedes zerbrochene Stück wurde auf solche Weise repariert, dass der Defekt hervorgehoben wird. Durch diese Vorgehensweise wird die Beschädigung zum Teil der Geschichte, zum Teil der Reise. Diese „neue" Ganzheit ist eine Inkarnation dessen, was war. Die Vase war einst zerbrochen, ein Scherbenhaufen und scheinbar nutzlos. Und doch wurde die Schale sogar noch schöner durch Trauma und Wiedergeburt. Symbolisch für das Auferstehen aus der Asche.

Für mich haben die Risse eine doppelte Bedeutung. Sie symbolisieren beides, Beschädigung und Enthüllung. Das Herz bricht auf und wir finden die Liebe in unserem Inneren.

Für mich haben die Risse eine doppelte Bedeutung. Sie symbolisieren beides: Beschädigung und Enthüllung. Das Herz bricht auf und wir finden die Liebe in unserem Inneren. Es ist essenziell, hier nicht wegzuschauen, unser Herz nicht zu schließen, dafür aber uns selbst und unserem Liebesschmerz zu stellen.
Wir müssen den Rissen sowie der Wahrheit darüber gegenübertreten, warum sie überhaupt entstanden sind. Das Herz braucht viele Risse, um die Heilung freizusetzen. Ist es nicht großartig, dass, während wir im Prozess der Verwundung sind, unsere ungelösten Lasten und Sorgen uns zu einer neuen Art zu sein" führen? Dann plötzlich wissen wir, wie wir in uns selbst ruhen und zentriert sein können. Umso mehr Liebe und Vertrauen finden wir in uns selbst.
Du fragst dich vielleicht, warum dieses Kapitel „Vergebung" lautet. Nun, unsere Risse verbessern unsere Fähigkeit, jedem zu vergeben, mit dem wir je einen Konflikt hatten. Ich dachte an all die Menschen, mit denen ich je eine Auseinandersetzung hatte, an einen Mitschüler, mit dem ich einen kleinen Disput hatte. Nichts Großes, aber groß genug, um mich noch daran zu erinnern. Wir waren Kinder und lernten gerade, welchen Einfluss und Konsequenzen unsere Worte haben können. Ich dachte an Konflikte innerhalb der Familie und realisierte, warum meine Familienmitglieder mir wehtaten. Betrachtet man die Geschehnisse aus der Perspektive des Gegenübers und erkennt, welche

Erfahrungen sie geformt haben; so taten sie, was sie taten, und sagten, was sie sagten, basierend darauf, was ihnen weitergegeben wurde, und basierend auf ihren eigenen Lebenserfahrungen. Ihren „Rissen" sozusagen.
Und so war es ein Leichtes, einem jeden seine Risse zu vergeben, als ich meine eigenen verstand. Ehrlich gesagt, fühlte ich bei der Betrachtung aus ihrer Perspektive, dass es gar nichts zu vergeben gab. Ich konnte ihr Verhalten und ihre Reaktionen nachvollziehen. Ich konnte mit ihnen mitfühlen, wodurch die spontanen Kurzschlussreaktionen und Emotionen meinerseits mehr und mehr wegfielen. Dies erlaubt mir, Gefühle von Schmerz, Ärger, Enttäuschung und Ablehnung einfach ziehen zu lassen. Selbst wenn wir nicht alle Fakten kennen, ist es nicht schwierig nachzuvollziehen, was unseren Kontrahenten geformt hat. Tatsächlich sind sie gar nicht unsere Kontrahenten, sondern verletzte Menschen, die ihre eigenen Missverständnisse ausleben. Ein offenes Gespräch mit Familienmitgliedern kann so vieles ändern. Jedes friedvolle Gespräch kann Licht in eine Situation bringen.
Aber selbst wenn das nicht möglich ist, können wir an denjenigen denken, der uns wehgetan hat, versuchen ihn zu verstehen und ihm unsere Vergebung schicken. Ebenso können wir ihn oder sie auf diese Art um Vergebung bitten. Vielleicht kannst du dir vorstellen, wie dies zum Gold in unserem Gefäß wird, die ausgebesserten Aspekte, die die Bruchstücke heilen und alles wieder zusammenfügen.

Letztlich sind wir alle tief miteinander verbunden. Wie sonst erklärst du dir, dass, wenn du gerade an jemanden denkst, dir dieser jemand gerade eine E-Mail geschickt hat oder dich kurz darauf anruft? Manchmal denken wir ganz plötzlich an jemanden und wissen einfach, dass etwas mit ihm passiert ist. Oder wenn wir mit einem Menschen eine besonders nahe Beziehung haben, egal ob Partner, Familienmitglied oder Freund, reicht es schon ihn nur anzusehen, um genau zu wissen, was in ihm vorgeht.

Weil wir alle tief miteinander verbunden sind, funktioniert Vergebung.

Weil wir alle tief miteinander verbunden sind, funktioniert Vergebung. Ob du es glaubst oder nicht, ich vergab auch meinem Traumprinzen. Rückblickend erscheint es sicher seltsam, dass ich trotz der Misere mit ihm immer das Gefühl hatte, von ihm bedingungslos geliebt zu sein, von seiner Seele, egal was er tat. Tatsächlich reflektierten seine Taten nur die Dysfunktion in ihm selbst. Jahre nachdem ich die Wurzel seiner Handlungen erkannte, erinnerte ich mich an den Text eines Liedes, das er immer wieder sang: „I'm just a soul whose intentions are good …" aus dem Song „Don't Let Me Be Misunderstood". Während meiner neuen Beziehung, einer gesunden Beziehung, stolperte ich nochmals über den Song und achtete dieses Mal auf den Text. Es war ein Gänsehautmoment.
Und so war ich mit dem Traumprinzen nie wirklich böse. Traumatisiert – ja, enttäuscht – ohne Zweifel, erschüttert – absolut. Aber die signifikanteste Erkenntnis war: Ohne den Schmerz und das Herzweh hätte ich mich noch nicht weiterentwickelt. Ich hätte Gott oder mein wahres Selbst noch nicht gefunden. Ich hätte mich meinen Ängsten nicht gestellt. Ich hätte das Einssein im Inneren nicht erkannt.
Vergebung ist ein wichtiges Thema. Es gibt einen weisen Spruch, der besagt, dass man ein Problem nicht auf der gleichen Ebene lösen kann, auf der es erschaffen wurde. Wir entwickeln uns weiter und sind dann in der Lage, das Problem aus einer anderen Perspektive anzugehen. Dies bezieht sich ebenso auf die Vergebung sowie alle anderen Themen, die ich auf diesen Seiten anspreche. Es ist mein Versuch, Worte zu finden, die dem am nächsten kommen, was ich fühle.

Wir müssen herausfinden, von wem wir uns Vergebung erhoffen. Was genau ist der Inhalt dessen, was Vergebung bedarf? Und warum wollen wir überhaupt vergeben? Was motiviert uns? Was ist Karma? Es ist wie eine Kette von Ereignissen, eine

Kette von Ursache und Wirkung, welche uns in einem Netz von Bitterkeit gefangen hält, bis wir lernen, uns selbst daraus zu befreien. Und was ist die Lernmöglichkeit? Solange wir uns als begrenztes menschliches Geschöpf sehen, können wir der Kette nicht entkommen. Wenn wir entdecken, dass wir viel mehr als ein begrenztes, menschliches Geschöpf sind, machen wir die Erfahrung der Befreiung.

Zunächst einmal erlaubt uns die Vergebung, Schmerz und Wut ziehen zu lassen, aber es gibt noch mehr. Wir sind mit unseren Gedanken und Gefühlen identifiziert und erst wenn wir herausfinden, wer wir wirklich sind, können wir die Kette von Ereignissen von einem losgelösten Standpunkt aus betrachten und die Bedeutung wird klar. Wir sind nicht länger Teil der Kette. Wir beobachten die Geschehnisse, aber wir sind nicht länger verwickelt oder identifiziert mit ihnen. Mit diesem Wechsel der Perspektive bleiben wir innerlich ruhig. Wir können das Leben leichter und weniger ernst nehmen.

Ich füge noch eine weitere Erklärung hinzu, welche übrigens die Erläuterung für die Formulierung ist: „Hasse die Sünde, aber liebe den Sünder." Auf meiner Reise realisierte ich, dass es auf einer Seite *mich* gab und auf der anderen Seite meine Taten. Ich bin nicht meine Taten. Mit einigen unserer Taten sind wir einverstanden, andere scheinen unwichtig zu sein und wieder andere sind völlig gegen unseren Willen und wir wundern uns, warum wir das nur getan haben. Warum verhalten wir uns so, obwohl wir eigentlich ganz anders fühlen?

Es gibt das, was wir sind, mit dem wir Bekanntschaft machen wollen und dann gibt es unsere Handlungen. Die Illusion ist, dass der Mensch der Handelnde ist. Darum lieben wir den „Sünder", aber „hassen" die Sünde. Die Sünde ist die Tat, die wir vielleicht begangen haben, da wir nicht bewusst waren. Wären wir uns völlig bewusst, hätten wir diese Tat, diese Sünde, nicht tun können. Ist dies nicht die ultimative Prämisse für Vergebung?

In der Essenz sind wir alle vereint in Liebe. Wir alle teilen diese Essenz, und so kommt alles, was wir aussenden, zu uns zurück. Wann immer wir Liebe teilen, kommt sie zu uns zurück. Jeder Akt der Nächstenliebe kommt zu uns zurück, so wie jeder Schmerz, den wir verursachen. Es bedeutet, sich ins eigene Fleisch zu schneiden. Und so sollten wir auch uns selbst vergeben. Und hier kommt das Beste: Wenn wir wahrhaftig zu dieser tiefen Erkenntnis gelangen, bleibt nichts mehr zu vergeben übrig. Sobald wir nicht mehr mit unserem kleinen Ego und unserer Rolle identifiziert sind, dann ist niemand mehr da, der Vergebung bräuchte.

KAPITEL 11

Wenn sich die Puzzleteile zusammenfügen

Liebe ist ewig, der Aspekt mag sich ändern, aber nicht die Essenz.
~ Vincent Van Gogh

Selbstliebe ist die Summe von allem. Das Ziel ist es, bewusst zu werden und uns selbst zu betrachten; das Selbst, jenseits aller Charaktereigenschaften und Erscheinungen, die wir als gut oder schlecht bezeichnen.

Wenn wir die Liebe für uns selbst entdecken, dann handelt es sich um die Liebe, die wir bereits sind, jenseits allen Urteils. Wir entdecken uns selbst als das Bewusstsein, das alle Erfahrungen macht. Spirituelles Erwachen ist das Erwachen für die Wurzeln von allem – das, wohin all unsere Probleme und Nöte uns eigentlich hinführen.

Selbstliebe bedeutet nicht Selbstliebe im egoistischen Sinne wie „selbstverliebt sein". Wenn das Ego so gebrochen ist und wir derart erschüttert wurden, dass wir all unsere Überzeugungen und Meinungen verlieren, erst dann sind wir bereit, hinzuhören. Demütig zu hören mit unserer ungeteilten Aufmerksamkeit. Wenn wir buchstäblich unser (falsches) Ich verlieren. Es geht also nicht darum, unseren Ego-Sinn zu füttern. Es geht darum, uns in unsere Essenz zu verlieben.

Wie Rumi schon sagte: „Ich weiß, du bist müde, aber komm, hier ist der Weg." Wahrere Worte wurden nie gesprochen und ich bin froh, auf sie gehört zu haben. Und so fand ich den „Weg" und die „Wahrheit" und das „Licht". In der Liebe zu mir selbst, dem „Einen", reiften Erfolge und ich wurde zur besseren Mutter, zum besseren Freund und schließlich Seelengefährten.

Wenn wir die Liebe im Inneren finden, wenn wir wissen, dass wir keinen Mangel an Liebe haben, sondern mit Liebe gefüllt sind, dann können wir sie mit der Welt teilen. Dann können wir Beziehungen führen, die nicht aus einem Mangel rühren oder einer Erwartung. Es wird zu einem Teilen des Geschenkes der Liebe, ganz natürlich.

Wenn wir die Liebe im Inneren finden, wenn wir wissen, dass wir keinen Mangel an Liebe haben, sondern mit Liebe gefüllt sind, dann können wir sie mit der Welt teilen. Dann können wir Beziehungen führen, die nicht aus einem Mangel rühren oder einer Erwartung. Es wird zu einem Teilen des Geschenkes der Liebe, ganz natürlich. Wenn wir die Liebe in uns selbst gefunden haben und wir zu unserer eigenen Erfüllung werden, wünschen wir uns vielleicht einen Partner, mit dem wir dies teilen können. Viele werden sich einen Partner wünschen, um mit ihm ihr Leben und ihre Liebe zu teilen. Das ist nur natürlich und es ist auch möglich, während man schon in einer liebevollen Beziehung ist, den Weg zu sich selbst zu finden.
Für jeden ist der Weg einzigartig. Wir sind dann bereit für eine Beziehung, wenn unsere reparierte *kitsungi*-Vase wieder Wasser halten kann.
Mit anderen Worten, die Vase ist mehr als nur Dekoration. Sie kann für uns selbst wie auch für andere von Nutzen sein. Die Wunden des Lebens bereiten uns für diesen Weg vor und machen uns stärker, weiser und bereit für unsere Aufgabe oder mehrere Aufgaben. Eine dieser Aufgaben mag es vielleicht sein, einen bestimmten Jemand zu finden, um mit ihm gemeinsam das Leben zu leben.
Ich habe mich auf meinem Weg mit sehr vielen Menschen über die Liebe unterhalten, über ihre Erwartungen und Motivationen.

Einer meiner Nachbarn aus dieser Zeit hörte von meiner Liebesgeschichte und befand, dass er Liebe und Beziehungen irgendwie enttäuschend fand. Er sagte, in den ersten wenigen Wochen sei es ein großer Spaß, wenn alles neu und aufregend ist. Aber dann werde es langweilig, was ihn frustrierte. Er war in der Idee gefangen, dass eine Beziehung ein Abenteuer und konstante Stimulation mit Herzklopfen sowie ständiger sexueller Anziehung sein müsse. Es schien, als war er immer auf der Suche nach dem „Reiz des Unbekannten", und sobald das Ziel seiner Begierde „erbeutet" war, verschwand der Reiz. Und so war er unglücklich, abgestumpft und ein wenig zynisch bezüglich der Herzensangelegenheiten.

Er war nicht fokussiert auf die „Essenz" seines Partners, da er noch nicht dazu erwacht war. Er war auf die Oberfläche anstatt auf die Seele fokussiert. Er war auf die „Unterhaltung" und nicht auf eine tiefe Verbindung aus. Und ich verstand seine Lage wegen all der Traumata, Aussetzer und Fehlschläge, die ich selber erlebt hatte.
Ich dachte auch viel über die Menschen nach, die innerhalb ihrer eigenen Beziehungen nicht miteinander reden. Sie reden mit ihrer Familie, Freunden oder sogar Fremden über ihre Beziehungsprobleme, aber nicht mit ihrem Partner. Und so ist es mit allem. Wir müssen uns den Dorn im Fleisch ansehen, um ihn herausnehmen zu können. Aber wir versuchen ihn abzudecken, zu ignorieren und machen es nur schlimmer und schlimmer. Dies trifft auf all unsere Themen zu. Wir müssen immer zur Wurzel eines Konfliktes gelangen. Der Fokus sollte dahin gehen, herauszufinden, was die Wurzel, die eigentliche Ursache ist. Das ist die ultimative Formel. Sie wird uns letztlich zur Lösung für jedes Problem führen.
Der Ursprung der meisten Probleme liegt begründet in der falschen Interpretation dessen, was wir mit unseren Sinnen wahrnehmen, und den falschen Schlüssen, die wir daraus ziehen.
Ständig wechselnde Partner können eine Art Flucht vor uns selbst und unseren „Themen" sein, denen wir uns nicht stellen wollen. Dies kann jedoch nicht zu Erfüllung führen. Erfüllung

können wir nur in uns selbst finden und dies kann später in einer gesunden Partnerschaft gelebt werden. Von seinen Gedanken kontrolliert zu werden, ist eine Problematik, Verlangen und Sexualtrieb eine andere. Beides kann eine Einladung sein, tiefer hinzusehen. Was ist es, wonach wir in einer Partnerschaft suchen? Geht es uns darum, unsere Liebe teilen zu können und einen Gefährten zu haben? Oder geht es darum, etwas zu bekommen? Versuchen wir jemanden zu finden, der uns liebt und anhimmelt, weil wir uns selbst nicht lieben? Suchen wir nach Abenteuer und Ablenkung von uns selbst?
Ist es der Sexualtrieb, der uns veranlasst, einen Partner zu suchen? Der Sexualtrieb ist etwas, das nicht aufhört, während wir in einem Bewusstseinszustand sind, in welchem wir mit dem Körper identifiziert und ganz im „Griff" des menschlichen Verstandes sind. Es rührt aus einem Gefühl der Trennung und der Suche nach Einheit. Sobald das Verlangen in einem Moment gestillt ist, erwächst es von Neuem. Dies kann uns zum Opfer dieses Verlangens machen. Wenn das Leid aus einem ständigen Verlangen herrührt, sei es emotional, finanziell oder physisch, kann es zu einem Werkzeug für Selbstergründung werden. Es lädt uns ein, unsere Perspektive zu verändern. Ich bin hier. Ich *beobachte*, wie ich mich von einem Zustand, einem Gefühl, kontrolliert fühle.
Anstatt blindlings diesem Fluss zu folgen, kann ich hier der Einladung nachkommen, auszusteigen. Wir steigen aus, aus dem Leid, denn wir wollen nicht mehr leiden. Wenn der Stress zu viel wird und wir in diesem Zustand nicht mehr weitermachen können, dann wandeln wir uns. Wir wachsen. Und der erste Schritt in die Richtung der Veränderung ist Akzeptanz – Akzeptanz dessen, was gerade ist. Je mehr ich versuchte, Dinge loszuwerden, die ich nicht erleben wollte, umso schlimmer wurden sie. Ich musste mich zuerst von allem Aktivismus stoppen und alles akzeptieren, was in dem Moment gerade da war. Wann immer ich versuchte, dem zu entkommen, was gerade war, fand ich mich selbst in einer Art „Schleife" wieder, fast so wie ein Hund an der Leine. Ich wollte „es" nicht. Ich wollte lieber an etwas Schönes denken und hoffte, dass sich alles wie

von Zauberhand verändern würde. Aber das brachte mich immer wieder dahin zurück, wo ich war, zurück in mein Leid. Ich musste es anerkennen und akzeptieren, dass der Traumprinz verschwunden und ich nun ganz alleine war. Ich musste mich dem Fakt stellen, dass ich den Traumprinzen nie wieder als meinen Partner haben würde. Ich musste alles anschauen und akzeptieren. Ich wollte nicht, dass es wahr ist. Ich versuchte, vor diesem Gedanken davonzulaufen. Aber tief im Inneren wusste ich, dass dies meine einzige Chance war, es anzuschauen und zu akzeptieren. Erst dieser Schritt schaffte Raum für neue Erfahrungen und für wundervolle Dinge, von denen ich mir nicht einmal hätte vorstellen können, dass sie möglich waren.
Sich mit jemandem ruhig und friedvoll zu fühlen, ist alles andere als langweilig. Wenn wir uns gut und sicher mit unserem Partner fühlen, ist alles gut. Erinnere dich an den Spruch aus Kapitel eins:
„Die Buddhisten sagen, wenn dir jemand begegnet und dein Herz schlägt schnell, deine Hände zittern und deine Knie werden weich: Das ist nicht der Eine. Wenn du deinen Seelengefährten triffst, fühlst du dich ruhig. Keine Angst, kein Aufruhr.“
Und hier schließt sich der Kreis vom Anfang meiner Geschichte bis zu diesem Zeitpunkt, an dem alles Sinn macht. Für mich persönlich war klar, es fehlte etwas, es gab eine Rastlosigkeit, so als sollte ich offen sein für „mehr“. Offen für Liebe. Keine Bedürftigkeit, kein Drang, aber eine Offenheit.

Als alle Puzzleteile sich zusammenfügten, fand ich meinen wahren Seelengefährten.

Als alle Puzzleteile sich zusammenfügten, fand ich meinen wahren Seelengefährten. Heute bin ich glücklich mit jemandem verheiratet, der meine Essenz wahrhaft erkennt.
Ich erwähnte zuvor, dass wir eine Tendenz haben, einen Partner anzuziehen, der auf gewisse Weise unser Gegenteil darstellt.

Beinahe als seien wir zwei Seiten einer Medaille, oberflächlich betrachtet. In einer heilen und gesunden Beziehung verbindet sich dieser Partner, dieser Gegenpart, mit uns auf seelischer Ebene, angezogen durch unser authentisches Selbst – unsere Essenz. Unsere Beziehungsfähigkeit basiert auf dem Level unseres Erwachtseins. Zum Beispiel mag ein Partner in unser Leben kommen, welcher uns, meist völlig unbewusst darüber, mit unseren Themen konfrontiert. Dinge, die wir versuchten zu verstecken oder zu vermeiden. Mit anderen Worten, Partner kommen in unser Leben, um uns zu helfen, uns weiterzuentwickeln und vice versa. In meiner Beziehung heute sind Ehrlichkeit und Authentizität in jedem Moment meine größten Werte. Ich will kein Bild erschaffen oder aufrechterhalten von etwas, das ich nicht bin. Ich will allein dafür geliebt werden, wer oder was ich bin. Ich will dafür geliebt werden, was mich zu mir macht. Und heute werde ich genau dafür geliebt. Ich rede von bedingungsloser Liebe. Wie der Name schon sagt, bedingungslose Liebe hat einfach keine Bedingungen. Gerade so wie die Liebe, die wir für unsere Kinder haben.
Bedingungslose Liebe. Was genau ist es, das eine Mutter an ihrem Baby liebt? Hat das Baby irgendetwas getan, um die Liebe seiner Mutter zu „verdienen"? Alles, was das Baby tut, ist, es selbst zu sein. Und die Mutter liebt das Baby, egal ob es weint, lächelt oder was auch immer. Es geht darum, geliebt zu werden, egal was ist und einfach dafür, wer oder was wir sind.

Was mich ausmacht, meine Essenz, ist auch das, was ich an meinem Partner liebe.

Was mich ausmacht, meine Essenz, ist auch das, was ich an meinem Partner liebe. Es geht nicht darum, wie jemand aussieht, was er für Fähigkeiten hat, wie intelligent er ist oder was er für einen Status hat. All diese Dinge können sich zu jeder Minute ändern und sind nur durch die Umstände bedingt. Es geht

darum, herauszufinden, was Liebe wirklich bedeutet. Es heißt authentisch und ehrlich zu sein; bedingungslose Liebe, die sich jenseits von Raum und Zeit erstreckt.
Apropos Zeit und Raum, wenn wir jemanden so sehr lieben, wie können wir da nur den Gedanken ertragen, dass er oder sie uns eines Tages verlässt, wenn seine Zeit gekommen ist?

Auch wenn der Gedanke an diesen Abschied vielleicht widersprüchlich erscheint, besonders nachdem man jahrelang gewartet hat, dass sich eine wundervolle Partnerschaft materialisieren würde; so kann ich dir versichern, dass dieser Abschied nicht dauerhaft ist. Welch ein Thema, um es näher zu erkunden, besonders deshalb, weil wir uns nur temporär auf dieser weltlichen Ebene befinden. Nicht weniger als Unendlichkeit erwartet uns und unseren Liebsten – ein Band, das selbst im Tod nicht reißt. Als ich noch ein Kind war, wunderte ich mich, warum wir unserem Erdenleben so viel Aufmerksamkeit schenken, denn ein Erdenleben dauert nicht sehr lange. Es ist wie ein Augenblick in der Unendlichkeit, wenn man es genau betrachtet. Ich dachte mir, es sei viel sinnvoller, die Dinge zu untersuchen, die wir tun beziehungsweise die unsere Seele „tut", wenn wir nicht „in diesem Körper" sind. Ich war immer daran interessiert, was Menschen zu berichten hatten, die eine Nahtoderfahrung erlebten. Sie sahen sich dem Ende ihres Lebens gegenüber und kehrten zurück. Aber mit welchen Informationen? Hatten sie eine Ahnung davon bekommen, worauf wir in diesem Leben achten sollten? Hatten sie einen Hinweis darauf bekommen, warum wir hier sind? Wie fühlten sie sich, als sie gingen und warum kamen sie zurück? Millionen von Menschen haben diese Erfahrung gemacht und die meisten von ihnen waren sehr engagiert, davon zu berichten. Sie alle beschreiben einen „Ort" bzw. Zustand völliger Gleich-Wertigkeit von allem und jedem. Sie sagen, dass es dort kein Urteil, dafür aber große Dankbarkeit gab und vor allem berichten sie vom großartigen Gefühl bedingungsloser Liebe, welches sie dort erlebten.
Unsere Reisen sind so einzigartig und es gibt keine Formel für jeden. Und doch denke ich, dass es wichtig ist, dem großen

Wandel im Inneren derjenigen Beachtung zu schenken, die eine Nahtoderfahrung gemacht haben. Dies können wir als eine weitere Möglichkeit zur Selbstentdeckung nutzen.

In Kapitel 7 vertieften wir das Konzept von Einsamkeit und dem Gefühl des Getrenntseins. Ich denke, es ist von Wert, sich diese Worte nochmals anzuschauen:

Es gibt etwas, das immer bei uns bleibt und das wir immer mit uns nehmen. Uns selbst. Das ist es, was immer präsent ist. Wir selbst. Damit meine ich nicht unsere persönlichen Vorlieben oder Abneigungen, denn diese verändern sich. Aber unser essenzielles Selbst, unsere Lebendigkeit, ändert sich nicht.

Geführt durch unsere Seele, beginnen wir das zu erfahren, was jetzt vielleicht noch nach einem Konzept klingt, einem „Konzept" von ewiger, niemals endender Liebe, in der spirituelle Trennung nicht existiert. Wir müssen uns nicht vor unserem eigenen Tod oder dem unseres Liebsten fürchten, denn was ist es eigentlich, was uns verlässt? Und was genau ist es, das wir an dieser speziellen Person lieben? Ist es sein Körper, seine Fähigkeiten oder was auch immer?

Es kommt immer wieder zurück auf die Essenz unseres Geliebten. Sein oder ihr Bewusstsein, seine oder ihre Seele.

Die Essenz bleibt. Zahllose Seelen, die diese Erde verließen, knüpften Kontakt mit ihren geliebten Hinterbliebenen. Sie sind noch immer bei uns, aber wir haben große Schwierigkeiten, ihre Form gehen zu lassen und die Art und Weise, auf die wir sie kannten.

Wenn wir uns dieser Essenz bewusst werden, gibt dies unserer Liebe und unserem Leben eine völlig neue Qualität. Wir brauchen nicht mehr auf dem gleichen Level trauern wie bisher. Als ich realisierte, dass mein eigenes weltliches Leben nur flüchtig, aber meine Seele unendlich ist, gab mir dies große Einsicht und Trost. Wenn sich die Puzzleteile zusammenfügen, gewinnen wir eine neue Perspektive, um den fundamentalen Fragen zu begegnen und die Antworten zusammenzufügen.

Nachwort

Die Welt reformieren zu wollen, ohne sein wahres Selbst zu entdecken, ist, als wollte man die ganze Welt mit Leder bedecken, um den Schmerz zu vermeiden, wenn man über Steine und Stacheln läuft. Viel einfacher ist es, Schuhe zu tragen.
~Ramana Maharshi[14]

Jemand sagte einmal zu mir: „Sei gut zu dir selbst." Diese fünf simplen Worte waren der beste Ratschlag, den ich je hätte erhalten können. Während wir hier sind und die uns gegebene Zeit in unserer körperlichen Erfahrung erleben, kommt die Frage auf nach dem Thema Wohlbefinden.

Ja, wir sollten gut zu uns sein, in Gedanken, Wort und Tat. Und das beinhaltet, wie wir uns kümmern um unseren Verstand, Körper und Geist. Dies beinhaltet ebenso unsere Mitmenschen wie auch die Tiere.

Welche Werkzeuge können wir dafür benutzen? Wir kennen bereits die Kraft von Gebet und Meditation. Ich wünschte, dass wir alle entdeckten, dass Gott die Antworten bereits in unserem Inneren flüstert und alles, was wir zu tun haben, ist, still zu sein und zuzuhören. Je mehr du für diese innere Welt und die innere Freude sensitiv wirst, umso sensitiver wirst du für alles – auch die Dinge, die wir nicht so angenehm finden. Je intensiver wir fühlen, umso intensiver fühlen wir Freude, aber auch Traurigkeit oder Unangenehmes. Dies ist keine Schwäche, es ist eine Gabe. Es verdeutlicht, dass wir in Kontakt sind zu uns selbst und zu unseren Gefühlen und illustriert unsere Liebe und Verbundenheit.

Aus diesem Grund können wir den Schmerz wie auch die Liebe eines anderen fühlen. Es offenbart, dass es nichts zu fürchten gibt. Wann immer ich eine Frage habe oder ich mich überflutet fühle, wann immer ich Inspiration benötige, ziehe ich mich in meine innere Welt zurück, anstatt außerhalb zu reagieren. Mit „zurückziehen" meine ich, dass ich in mir selbst nach Antworten suche, anstatt mich auf äußere Einflüsse zu verlassen. Dies kann sich vielleicht als große Herausforderung anfühlen, besonders für diejenigen, die noch immer mit den Nachwirkungen von Einsamkeit und Herzschmerz hadern. Aber manchmal brauchen wir einfach einen Anstoß, um wieder zu werden, was wir in Wirklichkeit schon sind. Je tiefer wir gehen, desto mehr erkennen wir, dass wir bereits ganz sind, bereits perfekt und dass wir uns nicht ändern müssen, um bedingungsloser Liebe wert zu sein. Wir benötigen einen mentalen Schlüssel. Die Wichtigkeit dessen, uns selbst annehmen und lieben zu können, ist kein Geheimnis. Wir sollten mit uns selbst Freundschaft schließen und uns als das erkennen, was wir wirklich brauchen.

Oft wird dieses Erkennen auch zu einem Wandel für die anderen. Wenn jeder aufhören würde, alles um sich herum verändern zu wollen, und sich stattdessen nach innen wendete, um auf die Weisheit seiner Seele zu hören, dann wären keine Probleme mehr übrig, die einer Lösung bedürfen. Dies ist, was Rumi meinte, als er sagte:

„Gestern war ich clever, also wollte ich die Welt verändern.
Heute bin ich weise, also ändere ich mich selbst."

Darum ist es so wichtig, immer auf uns selbst zu schauen, uns selbst zu lieben, auf unser Herz zu hören und so viel Zeit wie möglich mit uns selbst zu verbringen.

Dies wird die Art verändern, auf die wir das Leben erfahren. Darum sagte Rumi:

„Du siehst die Welt nicht, wie sie ist, du siehst die Welt so, wie du bist."

Ich liebe es mich jeden Tag zurückzuziehen, um meine tägliche Innenschau zu praktizieren. Auf meiner Reise erkannte ich den immensen Wert der Zeit für mich selbst. Den Wert dessen, mir regelmäßig eine Auszeit von den Erscheinungen des Lebens zu nehmen. Einfach nur mit mir *sein*. Ich realisierte, wie essenziell es ist, diese Einkehr zu halten und dies zu einer meiner wichtigsten Prioritäten zu machen. Es schien damals nicht sehr praktikabel, besonders wenn man kleine Kinder hat und viele tägliche Aufgaben. Aber es gibt immer Wege, um es möglich zu machen. Die Frage hier lautet: *Wie dringend will ich das?* Wir haben den Hang, zuerst alles andere zu tun, bevor wir uns Zeit für uns selbst nehmen. Wir scheinen der/die Letzte auf unserer Prioritätenliste zu sein, besonders wenn wir umgeben sind von Familie, Haushalt, Freunden und Arbeit. Es gibt so viele Dinge, die nach unserer Aufmerksamkeit verlangen, und irgendwie scheint es immer darauf hinauszulaufen, dass wir all diese Dinge erledigen, inklusive der Wäsche und des Geschirrspülens, bevor wir uns damit beschäftigen, was wohl unsere eigenen Bedürfnisse sind.

Diese Alltagsroutine scheint hervorzuheben, wo wir uns selbst sehen, oft ganz am Ende der Liste.

Normalerweise verschieben wir unsere eigenen Bedürfnisse auf den nächsten Tag und den nächsten … Es ist, als würde alles uns von uns selbst ablenken, sogar davor, herauszufinden, was dieses „Selbst" überhaupt sein mag. Es ist, als würde man wie ein Stück Treibholz auf dem Fluss schwimmen. Erst wenn unsere Welt zusammenbricht, halten wir inne und beginnen uns umzublicken. Wenn das Leid unerträglich wird, fangen wir an zu sehen. Wann werden wir beginnen, uns unserem eigenen Herzen zuzuwenden? Wissen wir eigentlich, was uns glücklich macht? Wann haben wir uns das letzte Mal so richtig glücklich gefühlt? Heute bin ich ganz und gar nicht mehr die einsame Seele von früher. Weder du noch ich müssen je wieder einsam sein. Die Zeit, die wir allein verbringen, vertieft in das Selbst, wird zu unserem größten Wert auf diesem Weg. Alles dreht sich um den Teil von uns, den der Spiegel nicht reflektieren kann.

Wann immer ich mich einer schwierigen Situation gegenübersehe, erinnere ich mich nach dem ersten natürlich aufkommenden Schock daran, wer ich wirklich bin. Anstatt nach einer Rund-um-Lösung zu fragen, verlasse ich mich ganz auf die Führung durch meine Seele. *Was ist das Geschenk in der Situation, in der ich mich befinde? Was ist meine Aufgabe hier? Was kann ich geben?* Es ist wichtig, nicht in die Opferrolle zu fallen, sondern stattdessen ruhig und fokussiert zu bleiben.

Ich möchte dich gern dazu inspirieren, dir Zeit für dich zu nehmen, dich um dich selbst zu kümmern und dir besondere Mühe zu geben, um dich glücklich zu machen.
Wenn du dir ein entspannendes Bad einlässt oder den Tisch „nur für dich“ schön deckst, ist das nicht etwas, was du wertschätzen kannst, gerade weil du dir diese zusätzliche Mühe allein für dich gegeben hast? Wir scheinen uns so darauf zu fokussieren, es anderen recht zu machen, aber wann machen wir es uns selber recht?
Wann immer du eine Pause brauchst, mach eine Pause. Lade dich immer wieder neu auf. Das macht dich viel produktiver, als wenn du dich immerzu dazu „pushst“, dass du dieses oder jenes noch schaffen musst. Deine Talente werden viel harmonischer fließen, wenn du mit dir selbst im Einklang bist, denn dort ist ihr Ursprung.
Einige werden sich vielleicht fragen, ob dieser Fokus auf das Selbst, na ja, egoistisch ist. Schließlich wird uns beigebracht, immer nur zu geben und zu geben und uns um die Bedürfnisse der anderen zu kümmern, und wir tun es. Natürlich tun wir das. Aber oft bedeutet das auch, dass wir uns selbst an letzter Stelle platzieren und uns nicht um unsere eigenen Bedürfnisse sorgen. Wenn wir uns nicht unserer selbst annehmen, so ist das, als wollten wir Wasser aus einem leeren Gefäß schütten oder Saft aus einer Rosine pressen.
Sich um sich selbst zu kümmern, geht Hand in Hand mit Selbstliebe. Wenn wir uns kümmern, um unseren Verstand, Körper und Geist, verbleiben wir in einem Zustand der Ruhe, Zentriertheit und des Glücklichseins. Wenn wir wieder ganz und heil sind, fließt aus uns eine positive Energie, von der auch die profitieren, die in unseren Radius kommen.

Wir können viel besser für unseren Partner, unsere Kinder und die weitere Familie und Freunde da sein, wenn wir in dieser Zentriertheit verbleiben. Uns selbst zu lieben und zu versorgen, führt zu einem Wandel in unserem Leben und im Leben derer, die uns umgeben und tatsächlich im ganzen Universum.

Alles dreht sich um das Zentrum unseres Seins und darum, wie diese Gewahrwerdung unser ganzes Leben verändert. Wenn wir uns gefunden haben, bedeutet das nicht, dass wir in unserem Leben nun überhaupt keinen Turbulenzen mehr ausgesetzt sind. Vielleicht werden wir sogar noch mehr getestet auf dem Weg durch die verschiedenen Wandlungen. Alles, was uns erschüttert, bringt ans Licht, was im Inneren ist.

Dies ist sozusagen die Aufgabe hinter allen Veränderungen, die gerade auf unserem Planeten geschehen.

Jede Erschütterung hat ihren Sinn und ist nicht das Resultat eines Fehlers. Es gab Katastrophen zu Jesus Zeiten, aber nicht, um zu zerstören, sondern um zu illustrieren, worum es in seinen Lehren ging: „Fürchte dich nicht, denn ich bin bei dir."

Wie tief können wir darauf vertrauen, dass wir immer perfekt umsorgt und beschützt sind? Wenn wir beten, geht es darum, Gott zu vertrauen und ihm die Führung auf dem Weg zu überlassen, anstatt ihn um Dinge zu bitten, von denen wir glauben, dass wir sie bräuchten. Dies ist essenziell. Gott nimmt uns nicht etwas weg, sodass wir ihn dann bitten müssten, es uns zurückzugeben.

Wie Ravi Shankar sagt:

Meditation ist, Gott in sich selbst zu sehen.
Liebe ist, Gott in deinem Nächsten zu sehen.
Wissen ist, Gott überall zu sehen.
Ausdruck von Liebe ist Dienen.
Ausdruck von Glück ist Lächeln.
Ausdruck von Frieden ist Meditation.
Ausdruck von Gott ist bewusstes Handeln.[15]

Und darum geht es in der Liebe. Wir fühlen die Göttlichkeit und sie enthüllt unsere bereits innewohnende Glückseligkeit. Das ist Liebe.

Quellenverzeichnis

1
Creig Crippen
https://themindsjournal.com/awaken-will-come-understand/
Datum des Aufrufs: 14.11.2022

2
Neale Donald Walsch
https://www.insightstate.com/quotes/neale-donald-walsch-quotes/
Datum des Aufrufs: 14.11.2022

3
Anita Moorjani
https://www.goodreads.com/author/quotes/5108288.Anita_Moorjani
Datum des Aufrufs: 14.11.2022

4
Eckhart Tolle, A New Earth
https://www.goodreads.com/quotes/182818-authentic-human-interactions-become-impossible-when-you-lose-yourself-in
Datum des Aufrufs: 14.11.2022

5
Sri Sri Ravi Shankar
https://quotefancy.com/quote/1494777/Sri-Sri-Ravi-Shankar-When-a-bud-breaks-it-becomes-a-flower-when-a-heart-breaks-it-becomes
Datum des Aufrufs: 14.11.2022

6
United Nations
https://worldhappiness.report/ed/2022/
Datum des Aufrufs: 14.11.2022

7
Marianne Williamson
https://www.goodreads.com/author/quotes/17297.Marianne_Williamson
Datum des Aufrufs: 14.11.2022

8
Creig Crippen
https://www.dailyinspirationalquotes.in/2018/08/forgive-yourself-for-not-knowing-what-you-didnt-know-before-you-lived-through-it-honor-your-path-trust-your-journey-learn-grow-evolve-become-creig-crippen/
Datum des Aufrufs: 14.11.2022

9
Youtube.com
https://www.youtube.com/watch?v=lmYQy-vzeBQ
Datum des Aufrufs: 14.11.2022

10
Neale Donald Walsch
https://quotefancy.com/quote/872356/Neale-Donald-Walsch-Religion-asks-you-to-learn-from-the-experience-of-others-Spirituality
Datum des Aufrufs: 14.11.2022

11
Anita Moorjani
https://quotefancy.com/quote/1712047/Anita-Moorjani-When-you-realize-your-own-magnificence-you-will-only-attract-magnificence
Datum des Aufrufs: 14.11.2022

12
Billboard.com
https://www.billboard.com/pro/love-hot-100-hits-21st-century-valentines-day/
Datum des Aufrufs: 14.11.2022

13
Eckhart Tolle
https://loveexpands.com/quotes/eckhart-tolle-369202/
Datum des Aufrufs: 14.11.2022

14
Ramana Maharshi
https://quotepark.com/quotes/769419-ramana-maharshi-wanting-to-reform-the-world-without-discovering-on/
Datum des Aufrufs: 14.11.2022

15
Sri Sri Ravi Shankar
https://www.spiritualityandpractice.com/quotes/quotations/view/15641/spiritual-quotation
Datum des Aufrufs: 14.11.2022